基础教育改革与教师专业发展丛书

基础教育改革与学生发展系列

边玩边学语文

BIAN WAN BIAN XUE YUWEN

周　婷◎主编

安徽师范大学出版社

责任编辑:潘　安
装帧设计:丁奕奕

图书在版编目(CIP)数据

边玩边学语文 / 周婷主编.—芜湖:安徽师范大学出版社,2012.12
(基础教育改革与教师专业发展丛书)
ISBN 978-7-5676-0312-7
Ⅰ.①边… Ⅱ.①周… Ⅲ.①语文教学-教学研究-中小学 Ⅳ.①G633.302

中国版本图书馆CIP数据核字(2012)第319296号

边玩边学语文

周婷　主编

出版发行:安徽师范大学出版社
芜湖市九华南路189号安徽师范大学花津校区　　邮政编码:241002
网　　址:http://www.ahnupress.com/
发 行 部:0553-3883578 5910327 5910310(传真)　　E-mail:asdcbsfxb@126.com
经　　销:全国新华书店
印　　刷:安徽芜湖新华印务有限责任公司
版　　次:2013年3月第1版
印　　次:2013年3月第1次印刷
规　　格:787×960　1/16
印　　张:12
字　　数:190千
书　　号:ISBN 978-7-5676-0312-7
定　　价:21.00元

基础教育改革与教师专业发展丛书编委会

总 序

“教育改革”在当下是一个出现频率非常高的概念,这种语言现象所反映的正是教育实践的客观现实。伴随着经济全球化、信息化和网络化的迅猛发展,世界范围的教育改革正一浪高过一浪,教育改革正成为一项持续不断的教育实践活动。可以说,变革已成为当代教育的一个典型特征。

同样,改革也是我国当代基础教育领域蓬勃发展的重要驱动轴。近年来,基础教育改革正在各个层面全面展开:在课程领域,综合课程、活动课程、微型课程、模块课程等正在逐步取得与学科课程同等的地位,并对促进学生的全面发展发挥着不可替代的作用;在教学领域,诸如探究式教学、互动式教学、学生自主学习、合作学习等一系列新的教学方式和学习方式也正在逐步取代某些传统的教学方式和学习方式,被师生广泛运用于教学过程之中;在德育领域,一方面,是某些陈旧落后的德育理念和模式正在为人们所摈弃,另一方面,多种新的德育理念和模式正在受到教育理论工作者和实践工作者的广泛关注并在学校德育实践中进行尝试和经受检验;在教育评价领域,传统的评价理念和范式同样日益受到人们的质疑与批判,与此同时,各种新的评价理念和范式层出不穷并被师生普遍接受和运用。

基础教育改革不仅使学校生活、师生关系和课堂面貌等发生了重要变化,也向广大教育实践工作者提出了新的更高的要求。持续不断的基础教育改革，使每一个投身于教育实践工作的人都面临着一系列无法回避的挑战。这种挑战，既意味着教育实践工作者不得不正视和思考教育改革带来的各种新的问题，同时也意味着他们在面对不断变化的教育实践情境时，必须采取适当、合理的因应与行动。

教育大计，教师为本；有好的教师，才有好的教育。这既是基础教育改革实践的强烈诉求，同时也是理性认识基础教育改革所形成的共识。好的教师，才有可能既娴熟自如地驾驭教育教学活动，最大限度地促进学生的发展，同时又能够有效地应对社会和教育发展所带来的各种新变化、新要求，成为教育改革的参与者和“弄潮儿”。好的教师由何而来呢？也许人们对这一问题有着各自不同的认识，也许不同的教师其成长的过程和方式各有差异，但可以肯定的是，好的教师既需要经受教育实践的历练，需要教育实践给予其充分展现的机会，同时，也需要接受教育理论的滋养，需要对教育教学的本质和规律性有着正确的认知和把握。

与教育实践工作者相同的是，教育理论工作者也正在面对教改所带来的诸多挑战。基础教育改革的蓬勃展开，也必然会对教育理论工作者提出如何恰当地回应教育改革、如何研究和解决教育改革中出现的各种新问题、如何引领教育改革的发展方向等诸多问题。可以说，在教育改革持续展开的背景下，教育理论工作者正面临着双重任务：一是必须及时研究和探索教育改革中不断出现的新情况、新进展，发现制约改革的各种因素和变量，揭示和分析教育改革发生发展的特点和规律；二是必须观照教育改革参与者特别是中小学教师的实践诉求，通过对教育改革实践的理论阐述，引领他们更加理性、有效地处理改革实践中所遇到的种种现实问题。

我们欣慰地看到，当前，已有很多学者对基础教育改革的一系列重要问题进行了深入的研究和探讨，从多角度、多方位提出了诸多有关教育改革的真知灼见，展示了学者们对教育改革实践的理性认识。然而，如何将这些理性认识转变为教育改革实践的理性行动，却需要做一番综合与转化工作。所谓综合，就是要对不同的理论研究成果，根据教育实践的逻辑，重新进行组合与梳理，以形成更加适合于教育实践的知识体系；所谓转化，则是要通过对知识的再加工和再创造，将原本用于精确表达思想和观念的科学话语体系，转变成实践话语体系，从而更加适合教育改革实践的需要。而本套丛书所努力达成的，就是这样的一个目标。我们期待我们所做的综合与转化的努力，能够产生切实的实践效果。

教育改革既涉及宏观层面，也涉及微观层面。仅有宏观层面的努力而缺失微观层面的配合与行动，教育改革不可能取得成功。宏观层面的教育改革主要是由政府来决定和实施，而微观层面的改革不仅需要政府的介入，更需要教育实践工作者的实际行动。我们编写这套丛书，主要的目标是指向微观层面，指向中小学教师的教育教学实践。丛书涉及当前基础教育改革和教师专业发展的诸多领域，主要针对当前基础教育改革和教师专业发展中所遇到或将要遇到的一系列问题而编写，以问题作为研究和讨论中心。我们期望通过聚焦教育改革实践中遇到的各种实际问题，借鉴中外教育改革的研究成果和成功经验，为教育实践工作者正确地认识和把握这些具体的实际问题提供指导和帮助。

本丛书主要包括教师专业发展系列、基础教育改革与学生发展系列、新课程教学探索系列、班主任工作系列、心理健康教育系列、教师专业标准系列等，读者对象主要是广大中小学教师。丛书的定位是理论与实际有机结合、介于学术著作和通俗读物之间,既注意吸收相关学科领域的最新成果,反映教育教学研究的前沿动态,又注重贴近中小学教师的工作和生活,对目前我国基础教育的实际以及教改实施与进展的状况进行分析和探讨,注重解决读者在实践中遇到的问题或困惑,努力做到科学性、前沿性、实用性的统一。丛书内容通俗易懂,深入浅出,每册书在内容上不求大而全,不求面面俱到,而是突出重点,将关注教师的需求放在第一位,尽可能为他们提供有针对性的思想和理论的引领,给他们以实践操作的启发。

我们相信本套丛书的出版,能让广大一线中小学教师获得所需的知识和有益的启示,对学校的进步、教师的发展和学生的成长发挥建设性的指导作用,为促进教育改革和教师发展增添些许动力。我们也期待着本丛书的出版,能够为师范院校相关学科的教学与研究提供更为丰富的素材,从而推动教师教育质量的不断提升。

编委会

二〇一三年一月

序

作为一名在教学一线奋斗了24年的语文老师，我一直都很注意倾听我的同事们关于语文教学的随想。2011年语文新课程标准实施以来，他们对语文教学有了怎样的认识；他们在教科书统一规定下，各自又添加了什么，删改了什么，创造了什么；他们对语文课程价值有什么新的理解和诉求……当一篇篇源自实践的心声摆在案台前，我仿佛看到一群语文人已站在更高更新的视野中，重新审视已经存在的问题，努力寻找更加切合的解决路径。其实，新的教学方式往往是脆弱的，“边玩边学语文”肯定也是如此。但语文教学必须由语文老师自己去不断拓荒，改良出适合新理念生根的文化土壤。语文老师拥有了探索的意识和能力，一定会使语文教学渐渐活泼起来。读到一份份随笔，我仿佛仰望到天空中飘飞的纸鸢，虽然它们仅是出自普通教师之手，制作并不精美，做工并无雕饰，但透出的一份闲适、一份轻松、一份期盼，裹挟着自由的生命，在阳光下徜徉。《边玩边学语文》的一个个编写者就是以爱为中心，让人感受到语文弄潮儿们的勇气。真的，我被他们行动研究的气质深深地感染了，他们仿佛用文字在叙说：我就是我。

作为一名多年在语文教学管理路上的行者，我总想看看我的同事们关于语文教学大厦的构建。我们经常说，学校应该是孩子们的乐园，学习是校园生活中最重要、占时最多的项目，而语文是最基础的学科，语文学习不快乐，孩子在校几乎就没有快乐可言。因而构建语文学习的乐园是非常重要的。怎样的语文学习是快乐而有营养的呢？《荀子·劝学》中说“玉在山而草木润”，丰润、滋润是语文教学的关键词。语文课堂应弥散着语文特有的味道和文化的气息，才能丰润；语文教学方式应该丰富多彩，应该充盈着视界的交融和性灵的舒张，才能润物无声。“边玩边学”可以滋润、丰润孩子们的语文学习，可以逐步引领孩子走向语文教学的理想图景。在“边玩边学”的路径探索中，我感悟出，“边玩边学”特有的方式可以让原本深刻的语词、概念生动起来。在这里我品味出，语文教学的浸染可以让个体的生命丰厚殷实起来。在这里我还领会出，语文教学的深度观照可以让课堂充满智慧与情趣，语文由此变成了快乐“你我他”的精神佳肴。我细细读，从同事熟悉而温暖的文字中察觉出思想的跳动，听到了坚定而沉稳的声音：我就是语文。

作为一名语文教育的思考者，我也一直在叩问自己和同行，我们引领的儿童语文生活是怎样的。儿童，就像一缕缕阳光，给我们朝气，给我们美好，给我们感动。“适合的，就是最好的。”坚守儿童立场，就是要让每个孩子的生长都要健康、快乐。“边玩边学”很大胆，也很符合儿童的认知方式。语文教育者就是要不断寻找适合儿童的认知方式，让语文生活惬意起来。我们深知教学要关注学科特质，找到适合儿童的生长点；我们要关注儿童个性，找到唤醒儿童的兴奋点；我们要关注儿童真情实感，找到儿童教育的激发点。基于儿童，就是基于儿童生活的世界、心灵中的世界、行为中的世界。语文和儿童相伴，就是要着力让语文老师和儿童智慧地共建语文生活，共享语文的无穷魅力。全国著名教育家李吉林老师在《我，长大的儿童》一文中写道：“我常常就是这样，像孩子般怀着一颗好奇心去设计教学，童心帮助我想出许多好办法，那是最受孩子欢迎的好办法，它让我不止一次地获得成功，享受到当语文老师、从事小学教育的快乐。”《边玩边学语文》的编写者正是保持着像李老师说的那一颗童心，在做着一个长大的儿童，不断遴选出适合儿童的方式。他们拥有儿童的情怀，努力回归儿童，释放儿童，成全儿童。站在这个角度，我们可以自豪地说：我就是儿童语文。

俗话说艺术是人创造的，同时艺术也必将激发更多人的智慧，教学艺术亦是如此。做老师的无不都在奋力提高自己的教学艺术，锲而不舍地帮助孩子掌握未来生存的必要本领，如定位人生观念的准确性，训练行为习惯的文明性，指导存在方式的科学性，引导生活手段的智能性等。而这一切的获取光靠规范和约束是很难实现的，教学艺术就要让孩子智慧、灵感不断喷涌，激情、热望不断被点燃，状态变得主动、生动、灵动。教学艺术的缺席，一定会让课堂僵化、冷酷、苍白。“边玩边学”兴许称不上是一种教学艺术，但完全可以说，它是对人性的充分尊重和释放，是欢快流淌的童年之歌，是给了天真儿童以最大张力的，是真诚爱护儿童、理解儿童、珍惜儿童的。我想从这个意义上来看，“边玩边学”又真的是一种艺术。同时，它还是一种启迪其他语文人追寻教学艺术的艺术，不久的将来，会有更多的同行显现出他们对教学新艺术的纯熟理解和自如运作。由此，我们还可以说：我就是艺术。

托尔斯泰说：“如果想把别人眼中的火花煽得更大，我们首先要煽动自己身上的火花。”“边玩边学语文”也许只是经验的自我判断，“边玩边学语文”也许只是应对当下语文教学弊端的无奈选择，也许“边玩边学语文”会受到学者的理性质疑和家长的误解……多少个“也许”，阻挡不了语文人追梦的步伐，在追梦中长大、成熟，并挑起无数个追梦人的热望。人大附中特级教师肖远骑说，“有梦的教育才是真正眷恋人性的教育”。可以肯定，这些“边玩边学语文”的倡导者，一定在乐此不疲地造梦，并执著践行、反思、修正，逐步向梦之巅攀登。这难道不是一种眷顾儿童天性的幸福之梦吗？我认为“是”，我相信你也一定认为“是”。

最后，真诚感谢本书年轻的编写者们，他们分别是：朱彤、夏凤枝、郎春花、林钢、张程、张臻、霍照云、陈琛、方百云、陈峰、卢洋、王曦、施萍萍。并借此表达对他们的敬佩，祝愿他们在语文教育上走向更美好的未来！

（江苏省特级教师　南京市汉口路小学校长）

2012年9月30日于古朴典雅的励园

目录

总　序 ………………………………………………………………………… 1

序 ………………………………………………………………………………… 1

第一章　语文，孩子不能承受之重 …………………………………………… 1

第二章　边玩边学，有情有趣 ………………………………………………… 22

第一节　好孩子都是玩大的………………………………………………………22
第二节　把兴趣还给学习…………………………………………………………26
第三节　玩，给大脑加加油………………………………………………………29
第四节　生动　适性　愉悦………………………………………………………32

第三章　边玩边学不是神话 …………………………………………………… 37

第一节　“早晨”与“黄昏”……………………………………………………37
第二节　“玩”出来的作文………………………………………………………40
第三节　小擂台　大学问…………………………………………………………44
第四节　飞进窗口的灵感…………………………………………………………48
第五节　舌尖上的语文……………………………………………………………51
第六节　东张西望学语文…………………………………………………………55
第七节　拉根线条去散步…………………………………………………………58
第八节　孩子，语文课堂的游戏主角 ……………………………………………65
第九节　语文可以聊出来…………………………………………………………78

第十节　让孩子的精神“溜达一圈”……81
第十一节　清新灵动　乐为“聊”者……86
第十二节　“唱”出来的语文……90
第十三节　小演员的基本功……95
第十四节　玩转手机短信……98
第十五节　青山秀水识字乐……103
第十六节　“无字词典”魅力大……108
第十七节　江山如此多娇……114
第十八节　网络,让语文学习“炫”起来……118
第十九节　班级里的“流行风”……123
第二十节　重拾孩子的兴趣点……128
第二十一节　让花儿尽情绽放……131
第二十二节　因“微”不同,所以精彩——换一种设计学语文……138
第二十三节　“动感地带”乐无限……142

第四章　改变自我,成就孩子……150

第一节　读懂你,我的孩子……150
第二节　换个角度看自己……156
第三节　语文课堂的革命……164
第四节　建构多彩的学习生活……168

第一章 语文，孩子不能承受之重

语文，顾名思义，就是学习语言文字运用的实践性学科。小学正是语文的启蒙阶段，以后的工作学习，无一不依靠语文，重要性不言而喻。而且语文还承载着人文精神浸润和提升的重任。

南怀瑾在讲《金刚经》时，曾经提到了境界般若（就是一种佛教认为的大智慧），说过一个例子："云在青天水在瓶"，这被很多人认为是很有境界的一句话，没有足够的语文知识是理解不了的。杨叔子院士也说："一个民族没有科学技术，一打就垮，没有精神文化，不打自垮。"由此可见语文的重要性。

作为国语，再怎么强调语文学科的重要性，恐怕也不过分，但我们细心观察身边的现象，不难发现语文正走向一个尴尬的境地，家长、孩子谈起语文似乎热情远不及数学与英语。大家似乎都认同了数学课不能落，语文课缺几节无所谓，很快能补上。这样的观点显然存在很大的误区，语文的伟大远胜过其他学科，就如计算机可以迅速学会，语文的理解能力却需要长年累月的感悟。

无论我们再怎么强调语文的重要性，也不能改变现在有大量家长不重视语文、学生不喜欢学语文的事实。其中原委在哪里，我们不妨来细细分析，进行更深层的思考与探讨。

一、家长对待语文误区多

现在好多家长对孩子学好语文存在一定的认识误区：要么不够重视，要么心情急躁而忍不住拔苗助长。其实这两种极端的态度都是要不得的，这都将伤害孩子对语文的热情。

1. 过于看轻语文的家长

有的家长认为，语文就是说话、写字，中国人本来就会说中国话、写中国字，所以语文是很容易学会的。其实这是大错特错的。会说话、会写字并非学好了语文，人与人之间表达能力的差异、理解能力的差异是很大的。而且语文是各学科的基础，是写作、表述、理解题意的重要基础和手段，忽视了语文学习，其实就是在孩子以后的学习生活中埋下了定时炸弹，等以后意识到语文基础薄弱的时候，想补补，就有些迟了。

还有的家长从成人的角度出发，认为小学的语文就那几个拼音和简单的汉字，多容易啊。错过几节语文课，也只要突击一下，死记硬背就解决了。这种家长往往在孩子出现记不住、学不会的情况下，不是帮孩子找原因想办法，而是一味埋怨孩子这么简单的东西都学不会，甚至还大发雷霆，大声训斥孩子："你怎么那么笨，这么简单的东西都学不会？"把孩子搞得惊慌失措，无所适从。这种漠视语文的学习难度就是对儿童的轻视，对孩子没有耐心的表现，在很大程度上伤害了孩子，让孩子潜意识里对语文有畏惧感。

2. 过于重视语文的家长

在日常生活中，我们经常可以听到有家长说："你看张三家的孩子，会写那么多字，会背那么多诗，羡慕死了，我家的孩子咋就那么笨啦！"无疑，这样的家长是重视孩子的语文学习的，但他这种过于迫切的心理其实也走进了一个误区。

进所谓的早教班，三四岁便让孩子大量提前识字，甚至开始让孩子学习写字，这显然是急功近利的行为，因为孩子如植物一般，有自己的生长规律，若违背这规律，是会出现恶果的。孩子的能力达不到的时候强迫孩子做，为了做到，孩子心里痛苦，如若做不到，家长心里痛苦而且脸色不好看。其实很多能力，当孩子到达一定年龄时，他可以很轻松地习得，完全没有必要急于求成。

举个例子：孩子学写字，应该是先跟着老师学习正确的握笔姿势，然后按照正确的笔画和笔顺来写字，这样的基本功对孩子将来写一手漂亮的好字是非常重要的。如果在没有正确指导的情况下，盲目逼孩子写字，就会适得其反，孩子错误的写字方法，以后很难纠正。所以说，千万不要不得法地提前让孩子学写字。对于上了学的孩子，也不要强求孩子的写字数量，而应把重点放在训练孩子学会正确写字的方法上。

许多家长知道语文靠积累，于是他们非常注重孩子的读书，大量给孩子买书，催促他们读书，却忽略了激发孩子的阅读兴趣，我们常会见到这样的现象：

(1)孩子正埋头玩自己喜欢的玩具，家长说："就知道玩，你不能去看看书啊？快看书去！"

(2)孩子刚拿起漫画，津津有味地读，家长训斥："成天就看这些没用的书，你怎么就不能读点好书呢？"

(3)孩子读完一本书，正兴奋地向家长讲述其中内容，家长一脸不耐烦地说："去去去，我正忙着，你自己专心看吧，别三心二意的！"

(4)家长为了孩子读得"更有效"，喜欢不停地督促孩子抄书中的好词好句，写读后感。

上述种种做法，可以肯定家长是赞同孩子多读书的，但是他们对读书的概念有些功利化，言行中给孩子带来不必要的负担，虽然出发点很好，但在孩子的初级阅读阶段，还未产生浓厚的阅读兴趣之时使用，会极大地伤害孩子阅读的积极性。

更为关键的是，在我们现行的教育体制下，小升初虽取消统考，却有很多名校进行自主招生考试，家长们对孩子的学习常常有偏向，偏向于那些中学作为重点考核的科目。为了让孩子进入一个好中学，家长不得不权衡利弊，把关注点更多地放在孩子的数学与英语上，在不自觉中忽略了语文。

二、学生害怕语文根源多

1. 语文课，厌你有理由

语文，作为一门语言学科，它是人类社会的优秀文化与民族精神的积淀，是一门最有诗意的、最富感染力的人文学科。然而在我们现在的语文课堂上常会发现这样的现象：有几个孩子永远侃侃而谈，而大部分孩子提不起精神，在被动地听或写，完全没有自发的兴趣与热情存在。每次考试，学生都说最怕语文了，总考不到高分。

我曾在网站上读到一篇博文，是一位初中语文教师写的，文中有这样的内容：

> 上个学期，区教研室对我校初二、初三各一个班的学生进行了问卷调查。从反馈结果来看，让我们语文老师非常汗颜，其中各项指标都处于较低状态，特别是学生对语文学习没有兴趣，感受不到学习语文的乐趣，甚至有学生表示对语文教师有极大的反感。
>
> 于是，笔者对我校初三年级的200多名学生随机抽取了100名，进行了一次有关语文课堂教学情况的调查。调查结果显示：80%的学生表示从不主动举手回答教师提出的任何问题，55%的学生认为教师的教学一点意思也没有，32%的学生以“不知道”作为回答问题的常用答案，9%的学生对语文教师表示厌烦，个别学生因此与语文教师产生冲突。
>
> 是语文课堂教学方式落后了，还是学生对语文学习失去兴趣？笔者很想知道学生如何看待语文学科、语文课堂和语文老师，在课下对个别对语文课毫无兴趣的学生进行了访谈。
>
> “你觉得老师这堂课上得怎么样？”
>
> “还可以。”
>
> “那你学了这篇课文之后，有什么问题没有？”
>
> “没有！”
>
> “真的没有？”
>
> 沉默。
>
> “那我可不可以出个问题考考你？”
>
> “老师，我不会。”
>
> “什么方面不会？”
>
> “老师，我什么都不会。”
>
> “那你为什么不向老师提出来？”
>
> “不知道怎么提。”

“我不敢。”

“我不想提。”

“我上课不捣乱就行了，老师你别问那么多了。”

受此启发，我在学校高年级随机抽了几个班，也做了类似的调查，结果惊人地相似。上述文字还只是涉及语文的课堂教学，而且还仅仅涉及阅读教学，没有提及作文教学，但它已经反映出在我们的中小学里，对语文不感兴趣的学生占很大比例。他们学语文时缺乏积极思考、自觉学习的主观能动性。许多学生感到上语文课是无奈的、无用的。课堂上无法形成师生互动的氛围，还有少数学生已发展到对语文教师厌烦、反感。

这不得不引起我们的思考和关注：我们现今的语文教育究竟出了什么问题，让一门人文学科、一门诗意的学科在孩子心目中留下那么枯燥乏味的印象，让他们不自觉地就厌烦？下面就我们的语文教学来剖析其中的原因所在。

(1)语文教学目标过于功利

审视当前的小学语文教学，普遍存在重学科知识传授和技能训练、轻学生个体生命多方面发展的弊病。在语文教育中，我们反复倡导要“提高学生听、说、读、写的语文能力”，但在具体的执行过程中，我们往往过于急功近利。有时甚至企图通过一节课的教学就想提高学生的语文能力，于是在这40分钟里，我们面面俱到地传授知识，教给方法，自以为这是在培养学生的语文能力，其实限制了学生思维，强压给他们很重的负担。学生真正自主发言、合作研讨的时间被挤压得很少，即使提问也只是流于表面的一问一答，看起来是热热闹闹，其实掂一掂，问题问得没含金量，教师的评价语言无启发，只是一味地把学生思维往教师事先设计好的结论上套，常常是学生还没有讲够、讲全、讲透，教师便急着接话，把标准答案倾倒出来，直接“喂”给了学生。做课堂练习更是如此，为了担心学生的答案不够全面、不够正确，教师往往会口述甚至把答案抄在黑板上让学生抄写，然后“死记硬背”。表面看来学生似乎学到了不少知识和方法，教学效率很高，其实学生的思维始终处于被动的、接受的状态，他们没有成为课堂的主人。

反省我们类似于这样的教育行为，老师充其量只起到了“知识搬运工”的作用，离成为孩子学习的“点灯人”还很远很远。也许这样的教学行为在一定程度上能提高学生听、说、读、写的应试能力，可一旦考试结束，学生对于语文给予了他什么，恐怕连他们自己也不知道，学生的语言能力、人文素养、主体精神到底有没有提高，我们更是不敢想、不敢问。所以，这种以牺牲学生个体生命自主发展的价值为代价的功利型语文教学是不可取的。

当然，还有很多教师走向另一极端，片面地理解新课程的理念，以为课堂就是学生的天下，捕捉大量材料，脱离文本而随意发散，把语文上得没有语文味，只是在课堂热闹上下工夫，就以为很成功，而实际上学生什么也没有学到，师生都很激动，但也容易忘记要干什么，把简单的问题复杂化了，使人无法适从，把工具性和人文性分开了，使语文的工具性淡化，人文性悬乎，学生对语文课究竟在干什么，更是迷迷糊糊。

(2) 语文出题过于挖空心思

语文是什么？语文就是说话，自己会说话，能够听懂别人说话，写出自己的心里话。

比如说，阅读一篇文章，怎么证明你读懂了？所有设置的问答题都应该围绕着学生懂不懂。然而现实中，许多学生都有这样的遭遇，考卷上常出现一些类似于圈套的题目，在字里行间无中生有地搞出一些题目。

这些题目跟学生懂不懂没有必然的关系，甚至明明这个学生读懂了，但是命题者要挖空心思设置一些陷阱。例如考一些判断题，不直截了当，非弄个双重否定来迷惑孩子，还美其名曰是考核你的审题能力。学生会很纳闷：明明是我读懂的东西、掌握的知识，只要一考试，结果一定证明我没有读懂，为什么？这种情况一多，学生就对语文渐渐地产生厌烦情绪了。

在平时的沟通中，我了解到许多具有较高学历的家长坦言，孩子的语文作业是他们最辅导不了的。有的家长博士毕业，也辅导不了小学生的语文作业，孩子一些做不出来的题目，他进行辅导，家长认为正确的，老师一改就是错，给出的标准答案，家长可能很难理解也很难接受。为什么是这个答案？不能理解。渐渐地，也导致这些家长再也不辅导孩子的语文作业了。

(3)语文考试答案过于单一

学语文，应该强调的是整体认知。在新课改后，这一点确实得到了改进，在我们的语文课堂教学中还是能听到学生的多元答案的，老师对孩子的回答也基本能给予肯定性评价。可惜一到语文考试，答案立刻变得标准化。原本语文答案只要能说得通、站得住脚就对，然而这些年，在考核机制的影响下，老师怕丢分，思想上放不开，改考卷还是要按照标准答案来。时间一长，便把学生的思维给禁锢了，哪里还谈得上学语文的兴趣。

记得小侄子在一次单元测试后，拿着卷子很委屈地给我看。某题的内容是把成语补充完整，要求在“如洗”一词之前补充两个字变成一个成语，他填了“一贫”两字，结果错了，标准答案是“一碧”。他提醒老师说，“一贫如洗”也是成语。可老师说这是单元测试，是测试本单元的学习内容，本单元课文中只有“一碧如洗”，没有“一贫如洗”。

老师的理由听起来似乎也没错。可语文是一门人文学科，是一门以激发孩子兴趣、爱上积累的学科，小侄子能通过课外知识习得“一贫如洗”这个成语是多么可贵，这不比仅仅记老师教的成语更让人惊喜吗？可惜一次考试，却打掉了孩子好学的心，他可能从此害怕语文考试，因为他搞不懂老师考的是什么，也有可能他从此讨厌语文，或者不喜欢这个语文老师。条条大路通罗马，何况一道语文题的答案呢！

为了在考试中考个好成绩，现在的小学生，临近考试，想方设法抱佛脚，背语文标准答案成风，平时学不学好反倒没什么关系，背得好就能考得好。十几年的基础教育阶段一直背下去，学语文不成折磨，那才怪呢！

又是语文课，我的心咚咚直跳。我最怕上语文课了，老师一提问题，我总是把头埋得低低的。哎！在课上，要是回答错了该多丢脸啊！

“这篇文章可以分几段呢？”老师提高了嗓门，把眼睛瞪得大大的，环视四周，寻找举手的人。我最怕这种问题了，作者都分好段了，为什么要重分嘛！而且我好像永远概括不到老师要的答案啊！

这位学生的日记是有一定代表性的，我们的语文课堂虽然一直在改革，但仍然到处可见一些套路式的问题，如“这篇课文分几段，主要写了一件什么事，你从中悟出了什么道理”。这种现象直接导致不少学生手头都有几本教学参考书，老师一提问，他们立刻忙着翻参考书。老师虽然极其反对这种做法，但似乎一直都不见效。

在这种情况下，我们有没有思考过导致这种现象的根本原因？学生买参考书就是为了索取其中的答案吗？学生为什么对这个参考答案如此热衷呢？这还得从我们教师自身的教学行为说起，从我们面对学生考试答案时的评判标准说起。如果我们依旧以整齐划一的“标准”答案要求学生，那么学生的思维永远会被禁锢，培养他们的主体性和创造性永远是空谈，让学生喜欢上语文课更是痴人说梦而已。

(4)方法技巧训练不当

语文教育原本是重感悟、重熏陶、重潜移默化的，但现行的语文教学中却存在两种极端的错误教学方式。

A. 忽视学法指导，忽视阅读能力培养

全国著名特级教师、小学语文教育专家于永正老师说：“语文姓语，阅读姓阅，没有充分的读，就很难称为阅读，要努力引导学生在读中理解，在读中感悟，在读中体会情感，在读中审美，在读中把握整体。”在读中与文本的作者交流思想感情，体会人文熏陶，这是阅读教学的宗旨。只有抓住词句的重点，抓住文本教材的运用，引导学生用心去读、用心去体会，从而有感情地朗读，才能理解课文的内容，才能体会文章的思想感情，进而达到与文本作者交流的目的。

现在的语文教学中，许多教师在课堂上只是在唱独角戏，生怕有哪一个知识点没有讲到，就一讲到底，或者就是担心“伤害”到学生，对于学生所展现出的一切都默认，不对学生进行学法的指导，学生朗读不准确或语气理解方面出现错误也不加以纠正，不教会学生怎样去感受、品读，怎样透过字、词、句、篇培养孩子的阅读能力，只是一味地肯定或夸奖，对学生能力的形成毫无指导意义。

B. 方法训练过度，技巧传授生硬

有不少语文教师在课堂上过多地强调知识点的落实与方法技巧的训

练，使语文学习变得繁杂琐碎。如小学语文课堂上常会听到小说、散文、诗歌、戏剧这四大文学体裁的名词出现，听到老师在讲它们的创作方法有何不同，这对于小学的孩子来说，是多么枯燥无味又无法理解的内容啊！这使一些原本有着丰富的思想内涵和浓厚的文学趣味的文章一下子变得寡而无味。

原本生动感人的文章被肢解成深奥难懂的语文知识，原本有着丰富文化内涵的文学欣赏课被上成了枯燥乏味的知识传授课。作文教学中也存在着过于讲究作文的方法技巧而忽视对学生人文精神培养的现象。所以，这种过于强调知识传授与方法技巧训练的教学目标偏离了语文学科的人文性特点。

举一个我自己的例子来说明，过于强调方法训练的课堂会让学生不自觉地游离，因为他们的兴趣被枯燥的方法所浇灭，他们的能力也够不到教师所谓的要求，于是在不知所措中感受着失败。

那是一节作文课，我要带着孩子们一起用第一人称来创作“动物名片”。当然这儿的名片，不是我们现实中那种寥寥数语的名片，而是用第一人称与生动的语言来转换资料性语言，从而生动地介绍一种动物。

为了让孩子们能兴趣盎然地投到这样的习作练习中来，我特意创设了“动物达人秀”的场景，孩子们可以“变身”为自己喜欢的动物，尽情展现自己的“特色”。

课上孩子们倒真如预期一般，显得非常兴奋：“我是森林之王老虎”，“我是漂亮的孔雀”，“我是可爱的小白兔”……他们都争着表明自己的身份。我趁热打铁，出示“鲸的名片”(例文)，想要借机来引导怎样恰当地运用一些方法使介绍更加生动。

“这儿有位来自海洋的朋友也赶来参加比赛了，瞧，这就是它送上的名片。快认真读读鲸的名片吧，通过名片你对鲸有了哪些了解呢?”

“鲸的身体很大……”

“鲸的嘴真大……”

“鲸的胃好大啊……”

孩子们倒真是发现了鲸的特点，只可惜都停留在概括性的答案上。我千方百计想要引导他们说出“鲸用了什么方法把自己的特点介绍得那么生动、有趣”，我是真的体会到了什么叫做“启而不发”。原本热闹的课堂似乎遇上了强冷空气，一下子冻结了，举起的手越来越少。迫不得已，我只能硬着头皮强拉硬拽才点明了鲸用了“打比方”、“列数字”、“作比较”等一系列方法让自己的名片读来那么有趣。其实我心里非常清楚，对于三年级的孩子，我不应该强求他们体会这些空洞的“说明方法”，而且这样的学习过程对于他们来说没有丝毫的主动性可言，他们在似懂非懂中被我牵着鼻子走，那种感觉一定很累，说实话那节课的后一半我自己也上得极累，内心的感觉很纠结。如果课堂上我不借例文进行说明方法的渗透，那么这节习作课，孩子们丝毫没有学会重新加工、整理资料的能力；但讲了说明方法，就正如课上所呈现的，课堂枯燥且乏味。

相信这样的经历，我们的语文老师会深有体会，我们总希望在课堂上教给孩子更多的方法与技巧，希望他们能习得语文能力，从而更加轻松地学习语文，殊不知这种生硬的方法训练，更多时候成了让语文课趣味性尽失的罪魁祸首，这必须引起我们的重视。

2. 课外阅读，你的世界我不懂

苏联教育家苏霍姆林斯基曾说过：“让学生变聪明的方法不是补课，不是增加作业，而是阅读，阅读，再阅读。”《义务教育语文课程标准》(2011)中也说：语文课程致力于学生语文素养的形成和发展。语文素养是学生学好其他课程的基础，也是学生全面发展和终身发展的基础。同时，课程标准还指出：小学课外阅读总量不少于100万字(课外阅读总量低段不少于5万字、中段不少于40万字、高段不少于100万字)。可见，阅读教学是语文的重要内容，培养学生阅读的兴趣与方法、提高语文阅读能力是语文教学的重要目标。

小学课外阅读恰恰又是语文阅读教学的重要组成部分，它对培养学生语文阅读能力和提高学生文化水平具有重要意义。正确地鼓励和引导学生进行课外阅读，可以提高学生的人文素养，有利于素质教育的实施。因此，怎样看待学生课外阅读，引导学生开展课外阅读，提高学生语文水平，这是目前语文教学中的一个重要问题。

我们曾对四、五年级学生的课外阅读情况做过家长与学生的问卷调查，卷中设计了学生问卷30道题，家长问卷15道题。本次调查的目的有三个：

第一，了解学生课外阅读的兴趣、阅读的图书种类、课外阅读的氛围等情况。

第二，通过调查，鼓励学生利用课余时间继续开展有益的课外阅读活动。

第三，了解四、五年级学生课外阅读的实际情况，进行分析与反思，以便更好地开展课外阅读指导活动。

根据对收上来的有效问卷进行数据统计与分析，情况如下：

A. 学生和家长对课外阅读的理解

近93%的家长绝对认可课外阅读的重要性，不到10%的家长认为课外阅读可有可无，只有极个别家长认为课外阅读会影响孩子的学习成绩。但是认可课外阅读有用的家长与学生中，有很大一部分人对课外书的理解有偏差。其中，23%的学生和家长对课外书的理解是“可以积累好词佳句”，29%的学生和家长对课外书的理解是“增加知识面”，48%的学生和家长则认为“读书可以提高学习成绩”。

学生对看课外书的意见调查：67%的学生选择“赞成”，33%的学生选择“无所谓”。由此可见，许多家长虽然知道读书对孩子学习有益处，但仍有不少家长重视程度不够，没有很好地培养与激发孩子的阅读兴趣。

B. 学生的阅读兴趣和阅读期待

关于学生读书兴趣的调查：89%的学生“比较喜欢”或“喜欢”读书，10%的学生选择“一般”，1%的学生选择“不喜欢”。关于读书主动性的调查：65%的学生是“主动阅读”，30%的学生是“老师和家长要求的”，5%的学生是因为其他原因。

由此可见，四、五年级学生对课外书的阅读主动性和兴趣还是比较强的，但有部分学生不喜欢读书。不喜欢的原因是因为老师和家长要求他们摘抄或写读后感，他们感到负担比较重。

C. 学生读书的种类分布

关于学生的读书种类调查：35%的学生选择“故事类”，20% 的学生选择“作文类”，10% 的学生选择“科普类”，20%的学生选择“漫画类”，还有15%的学生选择“搞笑类”。

由此可见，学生读书的种类不广泛，快餐式的读书比较多，缺少文学性的读物。他们长时间处于阅读面不够广、阅读缺少深度时，就会患上“阅读营养不良”症状，时间一长，对阅读的兴趣越来越淡了。

D. 学生的阅读方法和时间

关于课外书的来源调查：29%的学生选择向同学借或向图书馆借，71%的学生选择“自己买或订阅”。对于读书的方法，66%的学生选择“只了解有趣的故事情节”，12%的学生选择“做笔记”，20 %的学生选择“运用到习作中”，2%的学生看过就算。关于学生读书时间的调查：5%的学生选择“没有读书时间”，32%的学生选择“半小时左右”，39%的学生选择 “1小时左右”，也有24%的孩子选择读书时间每天都能达到两小时以上。由此可以看出：部分孩子每天的阅读时间是有保证的，但还有很多学生没有养成好的读书习惯，只是在别人的催促下，迫不得已而读书。

同时，从我们的调查中还发现有很多学生看课外书，过多地关注故事情节，对于书中细节并不关注，可以说是看过就忘，读书对于他们只是一种形式，完全没有起到积累知识、丰富语感、提升理解能力的作用。

透过种种现象与原因的分析，我们对学生课外阅读的现状很是忧虑。说到底，阅读的过程是一个认识外物、认识自我的过程。只有当学生形成了一个比较好的阅读习惯和阅读品质，提高了阅读的有效性，才会对学生的语文素养产生好的促进作用。

而我们的大部分家长与学生仅仅把学生的课外阅读认定为可以提高语文能力和获取知识的主要途径，那绝对是片面的、不正确的理解。阅读所具有的丰富作用还没有被大家认识和重视。要知道其实很多学生的学习障碍是由阅读障碍引起的，学生的一些心理问题和行为矫正也可以通过阅读来解决，学生的自我认知、文化认同、融入社会等也可以借助阅读来实现。

对于课外阅读理解有偏差，对于课外阅读教师、家长引导不够，为学生不爱语文又埋下了一个深深的隐患。

3. 作文，想说爱你不容易

愁……啊……愁……
愁……就……白了头……
自从开学以后，
我的作文没有得个优。
范文与我又无缘，
领奖我在台下边，
发表那更是梦里都没有，
作文真的让我好难受。
爸妈说我像木头，
有时我觉得自己像猪头，
如今已到了学期的尽头。
考试作文如何熬出头？
手里捏着一把汗，
泪花眼眶里打转，
时间弹指一飞间，
作文没有写好一篇，
两眼盯着那天花板，
作文就是开不了头，
铅笔咬破了一支支，
稿子撕烂了一篇篇……
都说那作文是“天使”，
天天烦得我要死……
作文考试是多么痛苦，
作文何时熬出头？
愁……啊……愁……

这是在一次期末考试前，我班一个写作水平不高的学生改编的歌词，内容真可谓是声泪俱下，虽然比较夸张，但孩子对作文的恐惧感却跃然纸上。

学生害怕作文是个老掉牙的话题，无数老师、家长都对孩子怕作文这一现状感到无计可施，但时至今日，“星星还是那个星星，月亮还是那个月亮”，故在全新的课程标准都已颁布的今天，我们还是忍不住要谈一谈这个老话题。

作文是什么?“作文就是中小学生用语言文字表达自己对外界信息的审美感受的过程和结果。”(李乾明语)作文是一种精神活动，是作者宣泄情感、抒发性灵、外化思想的结晶。每个学生，都是独一无二的个体，都拥有着独立的个性，都有自己独特的生活经历，都有属于自己的喜怒哀乐，每一个学生写出的文章都应该是有个性特色的。

然而由于受应试教育等种种因素的制约，我们学生的作文大多是千人一面的“脸谱”，缺少异彩纷呈的个性。教师在作文教学各个环节中忽视学生的主体意识，忽视学生的生活体验，使学生长期处于为写作而写作的状态，作文中没有孩子，没有个性。教条主义的东西代替了学生率真的语言，成人化的认识代替了学生对世界的直觉感悟，学生用自己的嘴说别人的话，说符合“标准”的话，这样也就谈不上让学生通过作文来“言志”、“缘情”，从而影响学生独立思考的能力和个性的发展，最终磨灭了学生的创造力。

作为语文老师，在批改学生作文时，直接的感受常常是，虚辞累叠，套话假话连篇，言不由心。很多孩子写作文，一写春天，就想到百花争艳、鸟语花香，一写老师，就必写“蜡炬成灰泪始干”或者“俯首甘为孺子牛”的诗句，举例也必定是“无论我作业错几遍，老师都不生气，都耐心教我”，或者“有同学摔了一跤，老师立刻背起他送到医务室去治疗”。但现实都是这样的吗？事物是复杂的，人就更复杂了，是什么让不同的孩子写出了同样的东西？他们自己的思想、自己的观点哪里去了？这不得不引发我们深层的思考。

(1)缺乏生活的积累

学生害怕作文，说是无话可说、无事可写，原因之一是对生活缺乏体验与积累。他们会认为自己的生活环境太单一，家里、学校、课外辅导班三点一线，每天都过得差不多，没有东西可写。再加上现在的孩子几乎都是独生子女，生命仿佛特别脆弱，安全成了“高压线”，于是就有了形形色色的言行限制。在家中这不能碰，那不能动；在学校不能玩“这个游戏那个游戏”，甚至连走路的速度都不能过快，如此等等，学生的体验与积累自然又少了一些。

“生活是创作的源泉。”孩子没有丰富的生活，自然也就没有了丰富的创作。就好比曾经有一则笑话说：一秀才写不出文章，痛苦万状。其妻见曰：“怎么比我生小孩还难?”秀才曰：“当然更难。你生孩子是肚里有货，我写文章是肚里没货。”学生怕作文的主要原因就是肚里没货。“问渠那得清如许，为有源头活水来。”

话虽如此，可当我们静下心来观察，不难发现，同样的境遇，相似的情况，照样有同学提起笔来，左右逢源，信手拈来，一气呵成，大有“取之不尽，用之不竭”之势。那这又是为什么呢？究其原因，便是对什么是生活的理解不同，在体验与积累上下的工夫也不同。其实，大至世界和社会，小至学校和家庭，叩击我们心弦、引起我们兴奋的事时有发生。只是有的学生自己虽然每天都生活在人群中，可从未用心关注过身边的人和事。哪怕注意到了自己或生活的周围每天都有许多事情发生，当时对发生的事情也有过高兴、愤怒、伤心等情感的体验，却没有有意识地将自己的感觉细细捕捉，没有养成表达的习惯，当时没能记下来，时过境迁，到用时就回忆不起来了。

能够文思如泉的孩子，显然是因为胸中材料储备丰富；眉头紧锁、望题兴叹、成天害怕作文的孩子，其根本原因是缺乏素材，腹中空空。这些孩子其实缺的不仅仅是生活，还有积累。

(2)缺乏语言的积累

学生害怕作文的另一个原因是缺少语言积累，语言贫乏。要写出内容丰富的文章，就要有丰富的积累，积累是写作准备过程的一个重要阶段，也就是说要建筑高楼大厦，首先要准备好建筑材料，要写好文章，首先要准备好语言材料，有了语言材料，就能根据构思完美地、巧妙地、生动地运用语言表达思想。而导致其语言贫乏的主要原因多种多样，有可能是他们不重视课外阅读的积累，有可能是家庭环境的局限，家人之间的交流很少或语言很贫乏，也有可能是在日常生活中从不关注身边事与身边人的谈吐，但最深层的原因还在于应试教育的体制。虽然由应试教育向素质教育转轨已成为语文教师的共识，但仍有相当一部分教育行政管理部门在素质教育机制尚未健全、完善的情况下，显得无所适从，仍以"统考"为指挥棒，致使部分教师仍致力于题海战术、文字游戏，作文教学仍致力于死记硬背各种类型的范文。也正因为如此，语文教学常常不自觉地成为语言文字的游戏。

若干年前，特级教师斯霞在谈到应试教育时就深有感触："如写拼音、解释词语、扩句、缩句、把句子成分补充完整、加标点、多项选择等等，花样百出。有些练习题大题目套小题目，做起来很浪费时间和脑筋，学生的负担重就重在这个地方。"如此枯燥、繁琐、无效的劳动占去了学生宝贵的时间，倘若将这些宝贵的时间用来阅读，用来积累语言文字，丰富和充实学生的语言仓库，岂不更好？

有些孩子写不好作文不是没有内容可写，而是有了内容却无法写出来。这种"有话写不出"是缺乏语言的积累。小学生阅历浅，知识面窄，即使头脑中有了某些感触，也难以用恰当的语言来表达。鲁迅先生的"必须如蜜蜂一样，采过许多花，这才能酿出蜜来，倘若叮在一处，所得就非常有限，枯燥了"这个比喻充分说明了积累在习作教学中的重要作用。不从本质上认识语言积累的重要，不从实际行动上引导学生对语言的积淀，致使提高小学生作文能力成为一句空话。叶圣陶说："经常留心自己的语言，经常观摩人家口头说的，笔下写的语言才会生动。""熟读唐诗三百首，不会作诗也会吟"，"读书破万卷，下笔如有神"，说的都是这个理。多读多诵多摘记，不仅仅是为了积累词句，更重要的是潜移默化地习得一定的写作技巧。

要多读课文，因为那是一篇篇范例，多多少少可以积累语感；还要多读名家名篇，优秀诗文；背诵名言警句，俗语民谚，从中汲取营养，不断丰富自己的写作经验和积累。日长天久，学生的语言储备就会丰富起来，语言表达就会新颖起来。而当学生的阅读与积累达到一定程度时，脑子里就建立起一座"语言仓库"，习作也许就没有那么可怕了。

(3)缺乏构思的能力

通常情况下，高年级的孩子对生活的感知能力与语言的积累能力都得到了很大程度的发展，这为他们写好作文打下了很好的基础，可是许多高年级的学生写出的文章仍欠推敲，究其原因是缺乏一定的选材、立意、组织材料的能力。

冰心在《再寄小读者》一文中曾讲了这样一件真事："今年夏天，我带两个小朋友去逛北京西郊的动物园。这两个孩子都很聪明活泼……回来后他俩都写了日记。第一个孩子只写了四五十个字，里面还有好几个错别字……就像记账似的……第二个孩子却写了千把字……把那些动物，如白熊、大象、斑马、孔雀等等的动作、形态、皮毛、羽毛的颜色都写得十分生动鲜明……他的这一篇日记，写得整整齐齐，没有一个错别字，使人看了很舒服。没有去过北京动物园的人读了，会引起一种'身临其境'的感觉。"

你看两个都很聪明活泼的孩子同游北京西郊动物园，却写出了水平反差极大的日记，原因何在？是缺乏生活积累，是缺乏语言积累吗？我认为都不尽然。他们水平相似，又参观了同一个地方，造成日记水平差异的绝非写作素材与语言素材。常见的一个形容写作的比喻，有"米"不一定能做出"香喷喷的米饭"一样，只有掌握了做"米饭"的方法、程序等，才能将生米做成美味可口的熟饭。写作就像做饭，学会构思之技，才能写出好文章来。

生活积累与构思之技，既有着紧密的联系，又有着本质意义上的区别。小学生习作虽然鼓励他们自由表达，但也不是毫无章法地想哪儿写哪儿。我们在批改学生作文时，常会发现一些如同"流水账"式的文章，如果写春游，便从老师宣布春游开始，一直写到怎么起床作准备，玩了哪些景点，几点返回学校。这样的文章只是在简单记录一天所做的事，毫无重点可言。因此，仅有生活积累还不够，在观察中，要抓住事物的本质、特征，而不只是"看"。这种抓住本质特征的能力在一定程度上就是一种构思的能力。这种能力往往来自两点：一是认真上好语文课，听老师分析作者是怎样用语言文字表情达意、布局谋篇的；二是在课外阅读中学，量变引起质变，要想学到更多的知识，并把知识形成能力，就必须加大阅读量，读着读着，潜移默化中便会感知文章的写作特点，习得构思的方法。

(4)缺乏有效的指导

阅读重于写作的课程价值取向以及过于依赖直接经验，缺乏科学指导，是导致作文教学出现问题的又一原因。我们的孩子为何怕上作文课？就是因为拿起笔来，脑子里面空空的，不知从何写起，不知写什么，总觉得没东西可写。

> 老师刚开讲不久，突然说："哎呀！我有一样东西丢在办公室了，我要去拿一下。"并且在临走时强调："希望同学们能做到老师在不在教室时表现一样好。"说完即快步走出教室。可想而知，一开始，学生还能克制自己，保持安静，不一会儿，就开始小声说话。见老师还没有来，学生的胆子越来越大，说话的声音越来越响，甚至互相打闹起来。就在这时，老师站到了后门口，顿时，教室里鸦雀无声，学生等待着老师严厉的批评。可是老师竟笑着对学生说："我刚才是故意找借口出去的，其实，我真正的目的，是想检验一下老师不在教室时你们的表现。下面，就开始写作文吧，题目就是《在老师离开教室的时候》。"学生听完目瞪口呆，面面相觑。

在这则案例中，老师显然是为了让孩子写好作文，很努力地创设一个情境，可惜的是老师也仅仅把精力放在了情境的创设下，对于写作方法的指导一点儿都没有。学生自然无从下手，更何况他们前期所处的情境还是无准备的状态，他们根本就没有用心观察与构思的体验，突然要求作文，自然不知从哪儿下笔！

当然更多的根源还在我们的作文设计上，内容与形式可谓是五花八门，似乎看起来都比较有创意，但细细一品，却很难找着其中内在的规律，忽而写人，忽而写事，忽而写童话，不成体例，导致一些对作文教学缺乏研究的老师就菜下饭，遇到什么教什么，没有思考，作文教学严重缺少指导的过程，更缺乏之前的作文素材的积累。长久下去，教师和学生都对作文课失去了兴趣，从而对作文的无奈感不断加强！

王有声认为，作为课程表中的一门功课，其他课程需要教，作文也需要教。从备课写教案到上指导课、作文批改、上讲评课、做出教学小结，主要环节一步一个脚印地走。教师就像教练员，你得自己爱写作。王有声老师是新中国小学作文教学界出现的第一位名师，他的认识是他60年参与作文教改的实践总结，值得我们重视。

作文指导还必须是个性化指导，能体现独特性，指导绝不能过于整齐划一。传统情况下，教作文，往往是要把审题、选材、表达方法等都要一一落实，才能放手让学生写作，之后，教师还要从草稿开始精批细改，然后再针对学生的典型问题进行集体讲评修改，这种单一的指导其实是扼杀了学生的个性差异与发展。缺乏个性化的指导，是导致学生作文缺乏个性的最直接、最根本的原因。

(5)缺乏自由表达的空间

一个人为什么要写作？是个体生存和发展的需要，是为了自我表达和与人交流的需要。学生为了表达自我、与人交流而写作，心里怎么想，嘴中就怎么说，笔下就怎么写，这是真诚的写作状态。

1929年，叶圣陶先生在《作文论》中指出："作文上的求诚实含着以下的意思：从原料讲，要是真实的、深厚的，不说那些不可征验、浮游无着的话；从写作讲，要是诚恳的、严肃的，不取那些油滑、轻薄、卑鄙的态度。我们作文要写出诚实的自己的话。"

以我口说我心，以我手写我口，表达真情实感才能写出吸引人的好作文。可现在我们的很多孩子似乎不太明白这个道理，许多文章常会显得矫揉造作、无病呻吟，尤其是作文结尾喜欢"圣化"、"升华"。这是非常不利于孩子写作能力的提升与心灵的健康成长的。我记得特级教师江和平曾说过这样一句话："孩子的心灵天地，让他们种自己的树，开自己的花，不要塞入他们陌生的'思想''精神''情操'，让他们保留孩子的本色。"

我们的作文教学绝对不能过多地限制孩子，以成人化的标准捆住学生言语表达的个性和创造性。若老师不断提醒他们：什么开头要怎样，过程要怎样，结尾要注意什么；什么习作要有中心、有条理，结构要完整，语言要优美、生动；什么写人的文章要通过具体的一件或几件事来表现一个人的特点、品质，同时要注意人物的外貌、动作、语言、心理活动；等等。学生怎么可能写出他自己最真的话,或者有话也不敢写,怕不符合老师的要求。

这种心理上产生对习作的恐惧感是学生习作路上的一个很大的障碍。其实,我们读读下面这些孩子的真话,不觉得这才是最鲜活、最具灵气的表达吗?

提到他们哪里哪里好,哪里哪里负责,书哪里哪里抄得多,怎么怎么认真,怎么怎么向他们学习,怎么怎么协助老师,听得我耳朵都厌了。

我见了试卷上满是题目,看得我头都要胀了,差点没晕过去。可这又能怎么样呢?谁叫老师是班上的“大哥大”呢?

可怜天下父母心,父母再可怜我,也不必这样吧!就算我有神仙一千倍的智商,姚明一万倍的高大,乔丹一亿倍的体格,这样可怜下去,也会变成弱智的。

我可不想跟他吵,他总是自不量力,以为自己是大力士。实际呢?像个小姑娘,一碰就哭,也不知前生是不是和我有仇?

好不容易把火点着,可是这柴就是不争气,火又灭了。我再次把火点着,这回柴争气了,可火把不听使唤了,我想分开它,它却并拢;我想并拢它,它却分开,还过来烫我的手!

可这些女生说,关我什么事,还说我的字写得太臭,像螃蟹在爬,气得我差点半身不遂。

(6)缺乏积极的评价方式

评价作为作文的最后一环节,是作文教学的重要组成部分,有着举足轻重的作用。但长期以来,我们的作文批改存在着事倍功半的现象。教师们辛辛苦苦地批改，学生却似乎不买账，对教师的作文评语要么不想看、不爱看，要么就是看了也白看，因为看不懂，评语基本无效。老师们辛苦了半天，其实多半做的是无用功。

学生为什么不喜欢看老师的评语呢？这与教师批改作文的方式呆板有关。我们的语文教师习惯于对每个学生的每篇作文精批细改，从字、词、句的个别修改，到眉批、尾批，一个个都养成了孙悟空“火眼金睛”的本领，对学生习作中的错误明察秋毫，一丝一毫都不放过，对学生习作中的错误，更是“眼睛里容不得沙子”，不挑出来绝不罢休，有的学校还把这作为对教师批改作文是否认真的一个检查标准，这就更使我们的语文老师嫉“错”如仇，产生一种“斩草除根”的心态，对学生作文中出现的错误穷追猛打，绝不手软。

这种“满堂红”式的评改让老师苦不堪言，却“好心办坏事”，学生不仅不领情，还被吓得远离了作文，因为他们写好作文的自信心在丧失。

以上从多个方面列举了学生害怕语文的原因。改变这种局面，是语文老师义不容辞的责任。

第二章 边玩边学，有情有趣

时常听到家长这么对孩子说："就知道玩，不知道学习。"许多家长甚至老师把孩子玩视为一种"错误"，总是用批评的口吻来对待孩子的玩。这些家长把孩子玩和学是对立起来看待的。

人的脑子是有一定的弹性限度的，年龄不同的孩子，他们的脑力持续运转的时间不一样。教育家苏霍姆林斯基说过："儿童的智慧在他们的手指尖上。"研究表明，人如果能劳逸结合，科学用脑，他们学习的效率将和时间成正比；反之，如果脑子超负荷运转，疲劳轰炸，学习效率将与时间成反比。学习和玩是孩子两种互补性的活动，相辅相成。

第一节 好孩子都是玩大的

2011年7月，高考成绩公布，上海中学文科生郑妍考了582分，理科生陈如鉴考了575分，两个孩子成为大家关注的对象，人们都想探知他们取得成功的奥秘。当记者采访两位优秀学生有哪些学习心得可以和大家分享时，他们不约而同地谈到，要善于从学习中寻找快乐，善于发现学习中的"美"。

郑妍加试的是历史科目。在一般人印象中，历史要考得好，必须"背功"好。郑妍认为，要学好一门课，首先要对它感兴趣，有了兴趣才有学习的动力，才能苦中作乐。其中，老师的引领很重要。许多学生取得学业进步都经过这样一个过程：从喜欢一个老师，到喜欢他的课，进而喜欢这门学科。"学历史，不要把它看作一个个知识点的堆积。你可以想象，自己与生活在几千年前的名家贤者喝茶聊天；可以从历朝历代的兴衰成败中体味历史的厚重；也可以史为鉴，反观现实社会的世相百态……这是多么有意思的事情啊！"在郑妍看来，学习历史并不是一件苦差事，而是在边"玩"边学。

陈如鉴这次数学考了133分，"不算很高，我们学校还有考140多分的呢"。陈如鉴说，学习理科可以体味到许多乐趣，比如，解题过程中严密的逻辑思维，一题多解的发散性思维，都蕴藏着一种"美"；那些最终被证明为"真理"的定律、定理，也散发着特殊的魅力。课余，陈如鉴常跑图书馆查资料，翻看科学史、名人传记。陈如鉴这次英语考了148分。他的学习窍门是，除了学好课本知识外，还要扩大阅读面，在自己感兴趣的领域找英语资料看。他很喜欢看英语纪录片、英语体育新闻。

在学习上获得成功的孩子比比皆是，细细品味他们的学习历程，往往都是充满快乐的学习历程，学和玩总是并肩行走的，只有徜徉在愉悦的学海之中，才能真正发现学习中的"美"。看来，好孩子都是玩大的！

一、理解万岁

鲁迅先生曾经说："孩子的世界，与成人截然不同；倘不先行理解，一味蛮做，便大碍于孩子的发达。"他提倡，要了解儿童的心灵世界，懂得他们的兴趣和喜好。

这是一件发生在我自己身上的事情。记得那是我上初三的时候，快要中考了，那个时候学习是很紧张的，语数外史地生理化政，九门课老师轮番"轰炸"，几乎所有的同学都被压得喘不过气来。越是紧张，越是有压力，人就越容易反弹，同学们愈发毛躁。终于熬到快要期末考试了，那几日下了很大的雪，操场上白茫茫一片，课堂上同学们眼睛虽然在看书，心却都飞向了操场。不知道是这雪景还是同学们的眼神触动了老师。以严厉著称的语文老师竟然丢下习题集，对大伙说："来，咱们活动活动，玩个够再回来吧！""耶！"顿时全班像炸开了锅。所有人都以百米冲刺的速度奔向了操场，大伙在雪地里疯跑，互相追逐，打着雪仗。所有的压力、郁闷仿佛都随着手里扔出的雪球释放而出。我们的笑声在操场上回荡……

回到教室，所有人都对这个语文老师微笑，大家的心仿佛和老师更亲近了。不知不觉中听课、做习题仿佛更有劲儿了。而后的期末语文考试，同学们的成绩非常不错。

作为一名教师，回想曾经的这段经历，我深深地感到：老师给孩子一个快乐的心情，而不是一味地压制，这是多么重要。当老师让学生们的欲望得到满足之后，自然就会开启孩子们的心智，会给他们一种力量，一种向上生长、永不退缩的力量。否则，孩子在心不甘情不愿的情况下念书，就会像小和尚念经，口是口，心是心。看上去“踏踏实实”、“苦思冥想”，实际上“身在曹营心在汉”。结果呢？虽然学习的时间长了，但学习效率低了，不但成绩上不去，还容易产生逆反心理。

美国著名心理学专家、学习问题专家阿姆斯特朗认为：孩子的情感是学业能否成功的重要因素。情感被忽视或压抑的孩子无法取得好成绩。若孩子有机会以适当的方式表达自己的情感，学习成绩就会显著地提高。语文老师应顺应学生们的情感，充分理解学生的所思、所想、所爱。一个小小的举措，让学生情绪压力得以释放，无形中和学生相处得更融洽，心贴得更近，学生在学习过程中感受到快乐和自由，学习成效自然而然地提升了。

二、“游戏”里也有语文

我们曾问过很多小朋友：“是语文好玩还是游戏好玩？”他们的答案都很一致：“当然是游戏好玩喽！”那是因为他们没有把“语文”与“游戏”联系到一起，甚至直接把两者放到了对立面。

其实，妙趣横生的游戏中也包含着语文呢！不信？往下看——

下课了，同学们都玩过或者看过跳皮筋吧？其实，跳皮筋这个游戏中就包含着语文知识。我们在跳皮筋的时候，不光要跳，还要“唱”，“唱”就是编儿歌——“公鸡公鸡真美丽，大红冠子花外衣，油亮脖子金黄脚，要比漂亮我第一……”

你听，只要想编，多少首儿歌都可以脱口而出。孩子们在编儿歌的过程中，既运用了语文知识，又享受到了游戏的乐趣，这不是一举两得的事吗？由此可以看出，游戏中的确存在着语文知识，只要我们努力发掘，就一定能从中受益！

平时咱们老师的语文教学中又何尝不运用着游戏的方法呢？

学拼音时，老师们带着孩子们“遨游拼音王国”，玩着“送字母宝宝回家”（字母归类）、“找朋友”（声、韵母拼读）等游戏；学生字时，老师又带着孩子们玩“生字开花”（组词）、“大家来找茬”（纠正错别字）等；学习写作时玩“猜猜我是谁”（人物描写）、“我是小导游”等。这些精心设计的课堂游戏，让孩子们看似在玩，其实在玩中受益匪浅。这些“玩学习”的环节，很有情趣。

三、会玩的孩子会学习

“知之者不如好之者，好之者不如乐之者。”我国古代教育家孔子就曾把“乐学”视为教育的最高境界。陈鹤琴先生也曾指出，“玩”对孩子有四点好处：一是可以发展儿童的想象力；二是可以丰富儿童的科学知识；三是可以提高儿童的兴趣；四是可以培养儿童做人的高尚品质。合作、诚实、勇敢等品质，都可以在“玩”中学到。“玩”而有“道”，变“苦”学为“乐”学，语文教学之极佳境界也。著名教育家霍懋征的“玩、道结合说”同样也给我们提供了相应的理论依据。

美国《新闻周刊》有文章评点对孩子成长至关重要的一些因素，其中引人关注的是关于孩子玩与学的关系。相关调查显示：弹钢琴或会演奏乐器的孩子，在语言能力上的得分比不学乐器的孩子高出15%。有氧锻炼可以使儿童的执行能力增强100%。学习杂耍可以使儿童大脑的灰质容量增加3%。每天玩两小时电脑游戏的学生，在校考试成绩比不玩游戏的学生低9.4%。从以上数据可以看出，适度运动和艺术对孩子的学习有着十分有益的影响，但沉溺于电子游戏无疑对孩子的发展不利。适当地玩一些电脑游戏可以增加孩子对电脑的了解和掌握，并能够提高孩子的手脑协调能力，这个需要引导孩子把握一个“度”。

正确处理孩子“学”和“玩”的关系，让不少老师和家长感到头疼。考虑到以后的升学和就业压力，不少家长选择了压缩孩子的玩耍时间。新闻中频频传出孩子因为学习压力过大而导致种种不良后果。相信上面的几个数据能够给大家一些启发。上中小学的孩子正处于身体和头脑全面发展时期，给孩子玩耍的时间，会促进孩子的学习，同时能够增强孩子的交际能力和以后适应社会的能力，正所谓会玩的孩子会学习。

第二节　把兴趣还给学习

早在两千多年前，伟大的教育家孔子就提出："知之者不如好之者，好之者不如乐之者。"程颢阐释道："学至于乐则成矣。笃信好学，未知自得之为乐。好之者，如游他人园圃。乐之者，则己物也。"17世纪捷克教育家夸美纽斯也曾指出："教师要和善地、愉快地教育儿童，以便在没有殴打、没有号泣、没有厌恶的气氛中，喝下科学的饮料。"由此可见，"乐学"应是学习中的最高境界，是最能实现学习目的的最佳境界，我们需要也必须把兴趣还给学习。

曾经带着班上的学生去某知名"儿童职业体验中心"，让小朋友扮演各种大人的角色，面对将来会遇到的各种问题。一进门，每个孩子就会获得一笔不小的"资金"，在这个乐园中寻找自己的新生活，去咖啡馆里品咖啡，去蛋糕店做蛋糕……如果钱花光了，就得自己找工作谋生。例如在城内的医院当护士，也可当警察、消防员、收银员或服务生。10至15分钟的工作，就有一定的"收入"。在儿童乐园中，孩子们可以过着类似大人的生活，孩子们在兴趣盎然中不知不觉学到怎样运用自己的时间和金钱，半小时接触到的东西，可能终生都不会忘记。

我们都有类似的体验，人逢喜事精神爽，干起事来格外有力量。学习也是如此，愉悦的心境、盎然的兴趣对人的生活、工作和学习有很大的影响，有助于主动精神和积极性的发挥，从而提高工作和学习的效率。

美国教师雷夫·艾斯奎斯在畅销书《第56号教室的奇迹》中说，在又小又破且时常漏雨的“第56号教室”里，雷夫老师独创了阅读、数学、艺术、戏剧等深受学生喜爱的课，没有害怕，没有恐惧，没有堆积如山的作业，有的是孩子们对教师无限的信任和对“莎剧”活动等无比的喜爱。

该书中一个个鲜明的例子证明，学生对感兴趣的事物有更多的热情和更持久的专注力。思考平日的教育教学工作，学生们不喜欢学习是否说明他们对学习早已厌倦，但又不得不勉强面对呢？也许他们需要老师有所行动，把兴趣还给学习，让快乐带动学生的学习热情。其实学生在内心深处不是不想学习，不是不想进步，只是枯燥的书本、浮华的干扰物和浮躁的心灵扼杀了学生学习的兴趣。

古今中外，许多教育家都十分重视兴趣在学习中的作用。我国著名教育家陶行知认为，学生有了兴趣，就肯用全副精神去做事，学与乐不分。在国外，第一位把心理学作为教育学理论基础的赫尔巴特认为，人有多方面的兴趣，教育就应该以此为基础，教师应该把引起和培养人的多方面兴趣作为自己的一项任务。由此可见，激发学生的学习兴趣对学好语文是多么重要。当学生自身对学习产生了浓厚的兴趣时，学生就会积极主动地学习，去感知事物。这时他们对事物的观察就变得比较敏锐，逻辑记忆增强，想象力丰富，克服困难的意志力增强。兴趣可以使学生的学习过程在一个较长的时间内比较顺利地进行，并富有成效。

“玩”是教师调动学生学习积极性、激发学习兴趣的一种非常有效的手段。人们都说“兴趣是最好的老师”。语文新课标指出，语文教学应激发学生的学习兴趣，关注学生日常识字的兴趣，考察其阅读的兴趣方法是否有写作的兴趣和良好的习惯……这种种表述说明，良好的兴趣是学好语文的先决条件，也是语文教学及其评价的重要内容。学生在学习过程中，兴趣越浓，注意力就越集中，思维、记忆等多种智力活动也就越有成效。为何在玩的过程中就能激发孩子的兴趣呢？笔者认为有以下几点原因。

一、宽松互动的氛围

边玩边学的过程是一个多维互动的过程，学生智慧的火花就在这一过程中迸发。学生在阅读、交谈、游戏甚至是歌唱表演中学习语文，这一互动过程必然是宽松和谐的。某外国名牌大学人才辈出，校长戏言他们的秘诀在于“老师面对着学生抽烟”，师生之间无拘无束，创造的火花才能生成。因此也有调侃：中国人最具创造性的时刻是在酒桌上。我想孩子们最具创造性的时刻必然是在边玩边学的过程中，因为老师和学生一起创造了宽松互动的氛围、孕育智慧的氛围，这过程本身就是一种智慧。孩子们在这样的氛围中学习，必然会对语文产生浓厚的兴趣。

二、灵动多变的方式

边玩边学的课堂，要求老师们对课堂教学方式的预设力求生动有趣，具有吸引力。老生常谈的课堂教学模式，即便一开始学生很感兴趣，久而久之，趣将不趣。熟知的教学模式，要合理地间断使用，还要常变常新，敢于突破，让学生觉得语文课总是那么有新意。

比如在低年级的识字教学中，可引导学生到生活中自主识字。先让学生回去认识家里的常用电器，记住怎么写，再到班级里来参加“家用电器对抗赛”。通过自主学习，学生认识了“电视”、“冰箱”、“洗衣机”、“微波炉”等，甚至还能写得不错。学生们跃跃欲试，争相展示自己的学习成果，黑板上写满了稚嫩的小字。这便是生活识字，这就是生活语文，在这样的学习过程中，孩子们玩得快活，学得主动，培养起来的兴趣将帮助他们养成良好的学习习惯。

三、多元发展的评价

新课程理念下的评价，积极倡导多元的发展性评价，其根本目的在于促进发展。激发学生语文学习的兴趣，促进学生语文素养提升，是语文学科评价的重要内容之一。如当学生对写字感兴趣并写得比较漂亮时，老师肯定他的兴趣，表扬他写的字，这是对其写字兴趣及写字成绩的评价；当学生写得不好却很努力去练习时，老师赞扬他的勤奋，这是对其写字过程的评价。通过这样的激励，学生的学习兴趣必将得到发展。平时，课堂上老师“珍贵”的一句赞扬、一句引导、一个点头、一个微笑，都是一种好的评价，都是学生期待和重视的评价。

总之，在边玩边学语文的过程中，学生的学习兴趣、学习效率可以明显地提高，学生在学习中陶冶了自己的情操、净化了自己的心灵，可以做到把兴趣还给学习。

第三节　玩，给大脑加加油

小雨是一个小学二年级的学生。他的父母每晚安排他做作业达三个小时之久。往往一吃完晚饭就开始，到11点还不一定结束。小雨也不“争气”，人在书桌前，心在电视机上，一会儿要喝水，一会儿要小便，心不在焉，忙碌不停。一小时能做完的功课，花了三小时还不能完成。父母怀疑他有多动症，小雨却抱怨说：“反正做快做慢都要10点钟结束，干脆磨蹭。”为什么小雨要马拉松似地做作业呢？原来，小学低年级的学生一次集中注意力的最长时间仅20分钟左右，超过这个限度，他们就不可能专心致志地连续动脑筋做作业。小雨的父母和老师沟通，了解了这个特点后，妥善地安排了晚上写作业的时间。晚饭后小雨除了做作业，还可以休息、玩耍，甚至看电视。虽然做作业的时间短了，但自觉性提高了，作业做得又快又好。

上述例子告诉我们，家长和老师想要真正帮助孩子爱学习、会学习，就要了解孩子的心理特征，只有顺应孩子的心理才能更好地引导孩子发展，才能提高孩子的学习效率。玩，是所有孩子的天性，所以我们提倡让孩子在“玩”中“学”、“学”中“乐”。在玩中，孩子的身体得到了锻炼，玩提高了孩子对周围世界的认知和理解。在玩中，他们能接受到听觉、视觉、触觉等多方位信息的刺激，能探索和尝试各种活动的途径和方法，这为学生发展动手操作的能力、想象力、创造力等提供了良好的机会和条件。

孩子在玩中的每一个行为，都与他对自己的看法（自我意识）相联系，因而在这些活动中孩子对自我的正确认识（自信、自尊、独立）等逐渐建立起来。更重要的是，孩子能在玩中获得满足感、愉快感和成就感。

一、玩中发展智慧

大人们总是担心孩子玩浪费时间，其实不然，在日常生活中，我们会发现，无论是什么样性格的孩子，在玩的时候神情都格外专注,他们的“工作”也格外踏实。此时孩子们的观察力、注意力集中了,思考和判断能力提高了，动手操作能力和语言表达能力加强了。有段时间下课时，班里的男孩子们总喜欢趴在操场边。出于好奇，我走过去一探究竟，原来他们是在玩蚂蚁。孩子们边玩边讨论：这个说给蚂蚁挖一个洞穴，让蚂蚁在里面休息；那个说为蚂蚁建造一座树枝桥，看看他们能不能顺利通过；还有的想给蚂蚁回家的路设置障碍……短短的课间十分钟，孩子们在琢磨种种玩蚂蚁的方法,他们边想边玩，边交流边玩。这时孩子们的想象力和创造力有了发展的机会，语言水平也在交流中得以发展。伴随着这种玩，孩子们学习了，身心发展了。这难道不是发展智慧的最好活动吗？

美国哈佛大学加德纳教授于1983年创立了“多元智能”理论。该理论认为，每个人都具有至少八种智能：语言智能、逻辑—数学智能、视觉空间智能、肢体运作智能、音乐智能、人际交往智能、自然探索智能、自省智能。人与人之间并无多少智能的差别，只有同一类型智能的强弱差别，先天的智能差异可以通过后天的培养来改变，每个人都可以通过教育在各项智能上达到很高的标准。多元智能理论给语文教学带来了诸多启示：一方面，语文学科本身不是由单纯的语言智能构成的，而是涉及其他各种智能类型；另一方面，语文学科的教学目标不是单一发展学生的语言智能，而是发展学生以语言智能为主的所有类型的智能。它所倡导的教学观是一种个性化的、因材施教的教学观。它强调，学生智力表现出多样性和复杂性，因此不可能找到一种适合所有学生的教学方式。边玩边学语文，有机地将语文知识与生活经验、理论与实际、课内与课外、校内与校外结合起来，以提高学生运用语文知识综合解决问题的能力，促进学生知、情、意、行和谐发展，激发学生多元智能的发展。

二、玩中满足需求

在实际生活中，小学生的心理需要虽然各有差异，但他们有着一种共同的心理需要，即尊重的需要。众所周知，马斯洛的需要理论指出，人的需要由低到高，是一个整体，各种需要之间的关系是：只有当较低层次的需要（即生理需要、安全需要、爱以及自我尊重需要）得到适当满足时，才会持续不断地努力追求较高层次的需求。爱以及自我尊重需要不仅贯穿在人的学习、生活以及一生的发展当中，也是人各种需要中最根本、最核心的需要。只有当这一需要得到满足时，小学生才会有更高的追求。小学阶段，是由幼稚走向成熟的过渡时期，小学生自我意识开始增强，自我评价能力有所提高，好奇心和求知欲也随之强烈起来，在学习过程中会积极主动地参与，自我表现强烈，渴求老师、同学的关心和认可，从而学会关心，学会自我调控，学会团结协作。如果学生在学习过程中不能体验到主动学习，他们在学习上感受不到需求，失去尊重的心理，那么学生就会形成心理上的压抑感，形成学习障碍，导致学习心理扭曲，学习行为上缺乏独立性与自主性。

在边玩边学语文的过程中，孩子的心理需要得到了满足。课堂上的表演展示让孩子满足了他们自我表现的需求，在交流、对话、探究、游戏中满足孩子们积极主动参与的需求……每一个孩子都是一个独立的个体，他们的世界也不总是阳光灿烂，他们也有不顺心的时候，玩可以使孩子忘掉烦恼和不快。我们常常看到孩子在玩之前还满脸委屈，一旦玩起来，脸上的不快就很快消失。他们边玩边喊边叫，简直就像换了一个人。此时倘若注意倾听或观察孩子玩，就会更加了解他们的想法和需要。在和孩子一起玩时，双方都感受到爱，享受到快乐。这种玩增进了双方的情感，满足了孩子对爱的需求的心理。

三、玩中提升能力

在美国某知名高校举行的一次精英夏令营中，上海共挑选了两名优秀高中生参加。有一名学生诸多方面的条件都不错，英语流利，门门功课都是优秀，差不多可以考虑入选。美国精英教育中心总裁乔安女士向这名学生提了一个问题，问他课余玩些什么。而这名学生也如实回答说，每天自己的功课都来不及做，没有时间玩的呀，并强调自己是从来不玩的。在最后讨论人选时，乔安女士毫不犹豫地淘汰了这名学生。她说："不会玩的孩子往往是书呆子，缺乏创造力，没有发展潜力。"

这则故事听起来有点不可思议，但细细想来，是有道理的。有研究表明，会玩的孩子和不会玩的孩子相比，无论在接受能力、反应能力、交往能力方面都要胜出一筹。陈鹤琴先生60多年前就曾说过："小孩子生来是好动的，以游戏为生命的，要多运动，多强健，多游戏，多快乐。"

孩子在玩的过程中，可以产生想象，并能在玩之后自觉根据记忆、表象，运用素材去丰富玩的内容和情节，久而久之能刺激孩子智力的增长。人智力的五要素包括注意力、观察力、思维力、记忆力和想象力，其中思维力是核心，其他四种都是以思维力为基础的。思维力又包括分析、综合、推理、演绎、判断及抽象的能力。孩子在玩的过程中最能锻炼思维力。

在玩中孩子的社会行为和语言能力得到发展。孩子玩需要伙伴，这就为发展孩子的社会行为——交往能力和语言能力提供了机会。合作、分享、谦让、轮流、助人、竞争、维护自己的权利，这些能力需要在实践中才能掌握，而玩就是一个非常好的实践。语文新课标就提出了这样的目标：学生需要正确地理解和运用祖国语文，丰富语言的积累，培养语感，发展思维，使他们具有适应实际需要的识字写字能力、阅读能力、写作能力、口语交际能力。同样的孩子与不同年龄、不同能力的人一起玩时要和伙伴交换意见，了解伙伴的不同想法，清楚地进行自我表达，说服别人或改变自己的想法，这会促使孩子学习理解别人的情感，学习站在别人的角度想问题，从而更好地和别人沟通，体验人和社会相互影响的各种因素。这正是学生运用祖国语言文字锻炼理解能力、口语交际能力的过程。我们发现，那些在玩中处于"带头人"、"小队长"角色的孩子，通常在语言表达能力上是非常优秀的。

第四节　生动　适性　愉悦

一提到"学习"，许多人都会想到"练习"、"考试"等。在一定程度上，学生的学习方式单一，总有点"被学习"的味道，缺少自主探索、合作学习、独立获取知识的机会。

从教育心理学角度讲，学生的学习方式有两种：一种是接受，一种是发现。在接受学习中，学习内容是以定论的形式直接呈现出来的，学生学习的心理机制（或者途径）是同化，学生是知识的接受者。而在发现学习中，学习内容是以问题的形式间接呈现出来的，学生学习的心理机制（或者途径）是顺应，这时学生是知识的发现者。这两种学习方式彼此并不是对立的，而是相辅相成的关系。

专家曾经研究了上海市500多名小学5年级的学生，结果表明：学生参与课堂教学的方式影响了学习结果，单纯的行为参与方式并不能促进学生高层次思维能力的发展，只有以积极的情感体验和深层次的参与为核心的学习方式才能促进全面素质的提高。这样看来，学生的学习方式对学生的学习结果具有决定性。所以，在语文新课标中就明确提出，要积极倡导自主、合作、探究的学习方式。学生是学习和发展的主体。语文课程必须根据学生身心发展和语文学习的特点，关注学生的个体差异和不同的学习需求，爱护学生的好奇心、求知欲，充分激发学生的主动意识和进取精神，倡导自主、合作、探究的学习方式。教学内容的确定，教学方法的选择，评价方式的设计，都应有助于这种学习方式的形成。所以，对于小学生来说，他们要学的语文必须是生动、适性、愉悦的。

边玩边学语文正是一种有利于学生在感兴趣的自主活动中全面提高语文素养的方式，是培养学生主动探究、团结合作、勇于创新的一种很好的途径。玩与学其实是一对矛盾的统一体，玩是学的基础，学是玩的升华。想要玩得好，玩得有水平，没有学习做支撑是不行的；同样，学习如果没有玩的乐趣，最终也学不下去。

一、边玩边学语文，让学生“乐”起来

“边玩边学语文”要求教师首先要为学生创设宽松民主的学习氛围，调动能激发学生自主学习、合作探究的一切积极因素，把紧张、枯燥的学习过程变为愉快的学习活动，把教学变为学生富有创造性的探究活动，使他们感受到语文学习的快乐，从而树立起强烈的自信心和求知欲。因此，在教学中，我们应尽可能带领学生在学习中寻找快乐，在快乐中学习

语文。

我们可以通过读读、说说、写写、比比、画画、做做、演演、唱唱等丰富多彩的内容和形式，激发学生的学习兴趣，使他们在自主的实践中趣味盎然地学习，获得成功的愉悦。例如，在教课文《九色鹿》时，就让学生挑选课文中自己喜爱的角色，然后指导学生仔细研读课文，理解、想象剧中国王、九色鹿、围观者的语言、动作、神态、心理等，从更深层次去把握角色。为了使全体学生都有机会参与，先让学生自由组合，进行小组表演，然后让演的较好的小组上台表演，这样学生参与面广，也让学生在愉快中把握了文章的主题。

由于学生能在宽松的氛围中展示自己的学习收获、学习成果，他们学得特别兴奋。课堂中，教师还给学生充分的自由：给他们自主选择感兴趣的学习单，自主选择学习方式。面对宽松民主的学习氛围，同学们在课堂中十分愉悦，他们一起探讨，设计自己的学习路径，边读边画……同学们在自主合作中读书、讨论、收集资料，从中体会到了朗读、合作、竞争、成功等多种乐趣。

二、边玩边学语文，让学生“动”起来

语文是我们的母语，生活中时时处处都有语文的影子，生活中的语文更鲜活、更丰富、更具有生命力，更能激发同学们的学习热情。语文新课标强调：应拓宽语文学习和应用的领域，注重跨学科的学习，使学生在不同内容和不同方法的相互交叉、渗透、整合中开阔视野，提高学习效率，获得现代社会所需要的语文实践能力。

在日常教学中，我们会发现，当孩子们走出课堂、走进社会、观察生活时，他们学得更加主动、更加轻松。边玩边学语文，提倡孩子们在生活中学语文、用语文来丰富生活，并想方设法创设各种情境，让孩子们们展示自己的学习成果、学习收获、个性特长，使他们在自我展示中真正“动”起来。

语文新课标强调：课堂教学要注意引导学生走向生活，把课堂上学的知识与学生的生活相联系。

比如，有一次笔者在路边发现了一只“离家出逃”的小鸟，小小的鸟儿

很可爱，但没有了人类的照顾，它完全没有能力生存。笔者把它带到班上，以此为契机引导孩子们观察小鸟，想办法帮小鸟找到它的家人。这可爱又可怜的小鸟，激发了孩子们全部的热情。孩子们快速分工，有的负责查找资料，了解这种小鸟的习性，有的负责动手画“小鸟肖像图”，有的则用自己的文字描写小鸟的样子。孩子们为小鸟写了一份《寻主启事》并贴在学校周边的公告栏。通过这一活动，孩子们看似是“玩”但同时也实现了他们的情感体验，把语文学习变成了孩子们的情感需求。为了能帮助小鸟，孩子们会更加细致地观察小鸟，通过各种渠道认真查找资料，想尽一切办法用自己的语言描述这只小鸟的样子与情态。这一切不正是作文课上老师们苦口婆心让孩子们注意再注意的要点吗？而在这边玩边学的课堂上，老师不再絮絮叨叨，一切交给孩子们，让孩子们真正“动”起来，老师所寄予的目标自然而然达到了。

三、边玩边学语文，让学生“笑”起来

英国教育家洛克在他的著作《教育漫话》中多次表达了这样的意思：“当学生正在用心学习的时候，他们应该高高兴兴，一切事情都应该使他们感到容易，充分感到快乐。”这告诉我们，要想学好语文，学生必须感觉到学习语文的愉悦，学习积极性才能被充分调动起来，这时，教师的教学活动才能真正变成学生富有成效的学习活动，变厌学、畏学、苦学为想学、爱学、乐学。

边玩边学语文，是一种充满乐趣的学习过程。在这样的学习过程中，老师们通过评价发现学生的潜能，发展他们的特长，让他们建立起自信，促进学生全面、健康地发展。这就要求我们在教学实践中，在引导孩子们“边玩边学语文”时，要用欣赏的眼光看待每一个学生，睁大眼睛寻找学生的优点，及时捕捉他们在学习、生活过程中的闪光点，对他们进行肯定和赞扬。可以用激励性的语言、动作，用各种激励标志，用实物奖赏，举行简短的仪式等，让学生在老师的评价中产生兴趣，增强自信心，体验成功的喜悦。只有这样，学生才会越学越想学。正如心理学家盖兹所说：没有什么东西比成功更能增强满足的感觉，更能激发学生的求知欲望。

杨莉娟副研究员这样说：“活动对人的发展具有决定性的意义。针对

以往教学忽视学生实践的、感性的、操作的、活动的状况，新课程提出赋予学生更多自主活动、实践活动、亲身体验的机会，以丰富学生的直接经验和感性认识，因而在课堂上呈现较多的活动，这是合理的。”实践证明，引进合适的语文课堂活动，这样的“玩”不仅能激发学生的语文学习兴趣，而且能提高课堂教学水平，让学生在愉悦的学习中培养并提高自己的语文能力。

第三章　边玩边学不是神话

第一节　“早晨”与“黄昏”

小学生的身心发展具有顺序性和阶段性，他们的有意注意处于一个循序发展的过程。当他们一直处于一种学习状态时，他们的有意注意就会开始消退，无意注意开始上升，学习状态也就变得不佳。这就是我们所说的孩子学习的鲜活期和疲劳期。

一、当孩子处于学习的鲜活期时，帮助孩子“保鲜”

首先，教师激励性的语言对孩子正确的引导是至关重要的。下面两件事充分说明引导十分重要。老师让一年级的学生说一说人的身体有哪些部位是对称的，小学生们七嘴八舌地说了很多，课堂气氛很活跃，有一位男孩说：“人的屁股两边是对称的，妈妈的乳房也是对称的。”老师大惊失色，不仅没有表扬他，而且还找来了家长，家长也训斥孩子：“上课怎么可以说这样的话？”难道孩子的回答错了吗？很明显，老师和家长心里十分清楚，孩子的答案是无可挑剔的，只不过，他的答案在大人的眼中不雅观。试想一个再有学习积极性的孩子，也会被这样无情的批评打击得失去学习的激情。上学期听了一节课外阅读儿童诗的教学观摩课，课上三年级孩子异常活跃，学习兴趣很浓，大家都沉浸在一首首有趣而又充满神奇色彩的儿童诗里，老师不失时机进行拓展，激发孩子写诗的欲望。授课老师用小时候的一件事先抛砖引玉：儿童节那天，我穿戴整齐来到学校，但我还是觉得我可能忘了点儿什么，是什么呢？孩子们七嘴八舌议论开了，有的说老师忘穿袜子了，有的说老师忘穿鞋子了，有的说老师忘梳头了……突然一个小男孩大声说："我知道，老师忘穿内裤了……"课上孩子哄堂大笑，老师也忍俊不禁，随后老师用眼神示意孩子们安静后，笑眯眯地说："啊呀，我们班孩子想象可真丰富呀，有做诗人的潜质，嘿嘿……不过老师到底忘记了什么呢，我忘记的是书包。"孩子们听后哈哈大笑，做诗的热情丝毫未减，个个举手，跃跃欲试。很显然这位老师尊重了孩子的天性，适时地正确引导，让课堂依然充满鲜活的灵性。教师的语言不光是传递知识，对于小学生来说，教师的激励语言是他们学习兴趣的催化剂，是他们学习动力的桥梁，也是帮助他们养成良好习惯的纽带。鼓励的语言、生动的语言、恰当的语言，所体现的就是平等、尊重、民主、自由。

其次，教学活动有高潮也有低潮，特别是低年级孩子，他们的有意注意时间较短，很难自始至终保持积极饱满的学习热情，这时我们老师就要精心设计课堂，激发孩子的学习兴趣就显得尤为重要。如何创造一个生动的教学环境，让孩子们"乐学"？我认为游戏是学生学习中最有效的一种学习方法，特别受学生喜爱。因为游戏可以丰富课堂教学，使课堂教学生动活泼，妙趣横生。比如在课开始之前与学生做些游戏热身活动，以调节学生的学习神经，吸引注意力，使学生的情绪进入学习状态。引入游戏化的教学活动，不仅使语文学习趣味横生，而且有助于最大可能地调动学生的学习潜能。比如教完声母后，我设计了"摘苹果"这个游戏，黑板上贴了一棵苹果树，树上结满了拼音苹果，孩子们摘下自己喜欢的拼音苹果，然后再给这些拼音苹果按顺序排排队，看谁站得又对又快。这个游戏不但能巩固以前所学知识，而且训练了学生注意力集中、思维迅速、动作敏捷，可谓事半功倍。又比如识字教学，一节课认识了很多生字，学生是记得快忘得也快，为此我们可以通过游戏的形式帮助孩子巩固识记，课前布置学生自制生字卡片，课上利用自制的卡片做"找朋友"的游戏，也可以是老师制作好的形旁和声旁，让学生"找朋友"，组成不同的汉字。这样一种有童趣而又极富智慧的拼字游戏，不但能让小学生在快乐的游戏中轻松地掌握一批存在法则的汉字，而且也形象地告诉了学生，形声字是由形旁和声旁组成的：声旁表音，形旁表示字义的类别。小学语文教材中有许多的童话、寓言、故事。在教学这类课文后，我们可安排让学生演一演，那些狼、小山羊、大公鸡、小马等，学生们跃跃欲试，争着扮演。例如教学《狐假虎威》,在巩固阶段,由一名同学扮演狐狸,一名同学扮演老虎,凭借对课文语言的记忆,进行对话。为了增强表演效果,设置了老虎和狐狸的头饰,为了表现狐狸的狡猾,请了一位精干灵活的小男生扮演,一位强壮的男同学则扮演老虎。两个角色如同真的一样,吸引了全班学生,可以加深对课文的记忆。这种生动的形式,使学生特别兴奋,他们既可以听到又可以看到,且富有戏剧味,学生情绪热烈、印象深刻是必然的结果。当然,我们这里的“游戏”只是手段,最终的目的还是帮助孩子更好地学习语文,如果课堂气氛太活跃,课堂上问学生问题,一个个都抢着说,不能倾听别的同学发言,不能有静心思考的空间,这时我们老师就得发挥主导作用,实施调控。

二、当孩子的学习处于疲劳期时,帮助孩子“去乏”

学习疲劳期是任何人都会有的。我们都是人,不是机器,不可能一直情绪高涨地保持学习。我们成人尚且如此,更何况是小学生。小学生的心理一旦产生疲劳,就会分散注意力,无法集中精力进行课堂学习;情绪抑郁倦怠,焕发不起学习的热情和积极性;上课萎靡不振,不能很好地进入学习状态,下课反而生龙活虎;作业勉强应付,不愿意努力思考和认真完成;厌学,一进学校就头疼,看见老师就反感、害怕、躲避……

我们很多一线老师都有这样的感觉:每到星期一课特别难上,孩子们似乎还没从双休日中醒过来,打了预备铃教室里还是叽叽喳喳,站在教室门口好一会儿,学生们也似乎没太多反应,依旧歪歪斜斜,于是乎吹胡子瞪眼睛,大声怒斥,安静一会儿,可好景不长就又嘤嘤嗡嗡,孩子们的心就像散了,一节课上下来很累,学生却收获不多。我想这应该就是孩子学习的疲劳期吧。针对这一现象,我想我们首先要做一个学生喜欢的老师,学生只有喜欢你,才会喜欢你上的课。换句话说,学生都不喜欢你,又怎么会喜欢你上的课呢?其次我们老师要用良好的状态去感染你的学生,如果你是阳光,你的孩子就会明媚!每天多对孩子微笑,在理性的同时,多一点感性!让孩子都被你的情感磁场所深深吸引!最后要精心设计课堂,寓教于乐,要用智慧去启迪孩子。

于是又逢周一,我和往常一样精神饱满地来到教室门口,驻足了一分钟，热闹非凡的教室才算安静了下来。走入教室，师生问候语还是一如既往拖拉无力。我压住心中的不满，沉思半分钟后，在黑板上板书了今天要学的课题“四个太阳”。“齐读课题！”“四——个——太——阳！”还是老样子。以往的经验提醒我，批评肯定无效。稍做思考，我诚恳地说：“同学们读的声音响亮，读音很准！能读得干脆些吗？”很多同学对老师这种本应批评却大大赞赏的态度感到意外，但看到老师期盼的目光后，精神为之一振，自觉地挺起胸，仰起头，精神十足。我当时心中一阵窃喜，奏效了。“四个太阳！”“大家读得太棒了！”我由衷地为同学们精彩的齐读伸出了大拇指。“读了课题，你心中是否产生了小问号？”只见一只只小手踊跃地举了起来，和往日的课堂明显不同。“怎么会有四个太阳？”钱鑫第一个发言。“你真是个有心的孩子！”我很为这个平时做事马虎的孩子今天的表现而高兴。“四个太阳从哪儿来的？到底是为什么？”哟！胡晓飞一口气提了两个问题。“你提的问题很有价值，老师真为你高兴！”我不失时机地表扬，只见他自信地冲周围的同学笑了笑。“这是四个什么样的太阳呢？”丁欣这个平时不爱说话的同学居然也积极发言了。“你是个会思考的孩子，一问问到了课文真谛！”我摸着她的头由衷地称赞。她腼腆地笑了笑，但我从她的微笑中看出她心中的自豪、激动。此时，教室质疑气氛异常激烈，学生学习积极性极度高涨，我趁热打铁：“那同学们赶快读书，去探寻小问号的答案。”同学们兴趣盎然，一边读书，一边画圈，一边不时交流讨论，大半节课，预想的目标都完成了。没想到这节课的效果这样好，自己没费多少口舌，学生通过质疑、释疑轻松地完成了任务。课堂气氛异常融洽，连下课铃声都觉得来得比往日早了。

可见，只要我们尊重孩子的心理特点，因势利导，寓教于乐，精心地设计课堂，相信无论是“早晨”还是“黄昏”，花儿都是一样红。

第二节 “玩”出来的作文

“作文难，难作文。”对于学生来说，作文是个永恒的难题；对于老师来说，教学生作文真难。学生一遇到作文就焦头烂额，抓耳挠腮，半天也写不出几个字，文不达意，字数偏少似乎成了寻常事。就算我们老师费尽心思去教他们布局谋篇、语法修辞,写出来的作文不是言之无物,就是东拼西凑,很难成文。于是老师们不厌其烦一而再、再而三地指导,学生们被迫一而再、再而三地修改甚至是重写,这样的作文学生能喜欢吗？究其原因,主要的困难在于他们无话可说、无事可写、无情可抒。要让学生在“玩”中作文,享受快乐。

一、“玩”中培养兴趣

有一段时间我班学生疯狂地迷上了玩悠悠球,只要一下课就三五成群凑在一起玩,打了上课铃还舍不得收起来,甚至上课的时候还有忍不住在摸的。我很是生气,没收了一个又一个悠悠球,可就是杜绝不了,学生玩它的热情丝毫不减。那段时间正好要写作文,于是我将计就计,干脆让他们痛痛快快地玩,但有要求:老师布置的任务必须先完成好了才可以玩,不但要玩还要玩出水平,中途我会为大家举办一场悠悠球比赛,获胜者有奖励。“耶……太好啦!”同学们听后欢呼雀跃。这一招还真灵,孩子们为了能玩自己心爱的悠悠球,都积极地完成了各科老师布置的作业,最后我选了一节班会课,我们的“悠悠球”大赛如期举行了,小选手们个个准备充分,严阵以待。比赛正式开始,他们个个拿出了自己看家的本领,场面热闹,掌声不断。经过激烈的角逐,冠军产生了,我给他颁发了奖状和奖品(一个质量比较好的悠悠球),孩子们异常激动。于是我趁热打铁说:“孩子们,今天快乐吗？愿意把这快乐的时光用自己的笔记录下来吗？”学生们齐声答:“愿意!”“请大家把刚才所做、所看、所想、所说的写下来,就是我们今天要写的作文了。”因为学生亲身经历并产生一定的情感体验,有话可说,有感可抒,所以这一次作文学生们显然不再感到困难,就连平时最怕作文的学生也言之有序、言之有情、言之有趣了。最后我还选了部分文章在班级作文园地里展览,让孩子们品尝到成功的喜悦,体验到原来作文也可以这么轻松地写出来。人们常说:“兴趣是最好的老师!”的确如此,只要我们多动脑筋,多开展丰富多彩的活动,激发学生写作兴趣,调动他们的积极性,再加上适时给予一定指导,一篇篇闪烁着个性、流淌着真情的作文便不难出现。

二、"玩"中善于观察

一提到写周记，孩子们就会愁眉苦脸，绞尽脑汁也不知道写什么。交上来的周记大部分是草草完成，文章就像记流水账。是真的没东西可写吗？当然不是。"留心处处皆文章"，最主要的原因还是孩子们缺少留心观察身边事物的能力，他们认为每天的日子过得都差不多，经历的事如果不是自己太感兴趣的大多没留什么痕迹，写时自然觉得腹中空空。"玩"是儿童的天性，我们要从教学的实际出发，创设乐学情境，激发写作兴趣，充分发挥学生的主体作用，寓学于"玩"，让他们在轻松、愉快的环境中积累材料，培养写作能力。我们应该放手让他们到大自然界去玩，鼓励家长多带他们去活动，草长莺飞的时候带孩子去放放风筝，秋高气爽的时候带孩子去登山去野炊，逢上下雪陪孩子堆雪人打雪仗……相信这些快乐的情景会深深地印在他们的脑海里，为写作积累很好的素材。此外，我们老师也可以多组织学生开展一些有趣的活动，如沙罐接力赛、猜谜语、讲故事、三条腿走路、花样跳绳等。孩子们在游戏，我们老师要乐于和孩子们一起玩，这样孩子的兴趣会更浓，感受也更深。记得一次我和孩子们一起打乒乓球，他们个个抢着要和我对打，后来他们发现我的技术很一般时，有个别调皮的孩子还装出不太会打的样子故意让着我，多可爱呀！参与了，你就更真切地感受到孩子们的那份童真和童趣。学会了积累材料还不够，不会仔细观察写出来的文章，要么就记流水账，要么就很短。对于小学生来说，他们认识世界的主要途径是观察，只有亲身去接触事物，仔细观察事物，才能获得真实、深刻、细致的写作素材，写作时才有话可写，写出的文章才真实生动。然而，孩子们不会因为写作而去观察，往往是因为好玩、感兴趣而去观察。那么老师就要教会孩子们从玩要中学会留心观察。五年级《语文》下册第三单元，小作者写了一篇拔河比赛文章，有些毛病，为了帮助学生更好地修改，我们班进行了一次真的拔河比赛，赛前提醒孩子注意观察人物的动作、神态、语言，可以是运动员的也可以是啦啦队员的。这场有计划的比赛轻松解决了小作者文章的毛病，文章改后很生动。一场小小的比赛胜过老师的千言万语，既增强了集体荣誉感，又培养了团队的竞争意识，更轻松提高了写作水平。

三、"玩"中学会思考

一次带学生去爬南京的栖霞山，顺着栈道艰难地往上爬，偶尔会看见栈道中间还长着大树。孩子们很好奇地问："这中间干吗留棵树呀？既不美观也不方便。"我笑笑说："砍了多省事呀，园林的管理人员却为什么要留下它们呢？"孩子们思考片刻后反应过来：这是对树木的热爱，为树让路，多了不起的举动，在这儿爱护树木不是口号，是真正的行动。回来后，孩子们的文章不仅仅是停留在栖霞山的美景上，而是有了更深层次的理解，文章的感情也更鲜明了。很多小学生写作文不知如何确立中心，我们老师在作文课上讲得口干舌燥，吐沫飞溅，可收上来的作文大多没啥起色，收效甚微。可如果让孩子在玩中发现问题，学会思考，将事半功倍。悠悠球比赛上，好几个孩子一结束就在感慨：有的说自己平时练得好但比赛太紧张了而发挥失常，看来光埋头苦练还不行，提高心理素质非常重要；有的说确实技不如人，"只要工夫深，铁杵磨成针"，下次如果还有这样的比赛，自己一定不会落后。学起于思，这些思考、这些感慨不就是最好的作文吗？我笔写我心，只要学生真正有了自己的思想，写出的东西才会有真情。作为教师，要加强对学生作文的指导与练习，从听、说、读中掌握丰富多彩的语文知识，促进作文能力的提高。在各种活动中，培养作文兴趣，乐于作文，才能内化为学生的素质，提高写作水平。

四、"玩"中学会修改

作文难，写作文难，批作文更难。语文老师最头疼的事就是批改作文，学校对我们老师批改作文也有明确的要求，要精批细改，不仅有总评，还得有眉批，我们老师是忙得不亦乐乎，大部分时间都用在批改作文上了，可尽管如此收效却甚微。学生拿到作文本，第一关心的是等级，第二关心的是总评，具体问题却没上什么心，至于对修改过的地方为什么要这样改，"中心不明确"、"详略不当"等评语，学生一脸茫然，不知所以。学生不能从教师的评价中学到方法，得到益处，是当前作文批改存在的最大问题。让学生在"玩"中学会修改作文，当然这里的"玩"，只是一种手段，真正目的还是让学生产生修改作文的兴趣，提高作文的水平。我们教师要精心组织，把学生按照不同的作文水平合理分成若干评改小组，在组内进行互相批改。孩子就是这样，你让他修改自己的作文，他没什么兴趣，你若让他当小老师去批改同伴的作文，他会兴趣十足，找出错别字，寻出句子中存在的语法错误，指出布局谋篇等方面存在的不足，俨然就是一个小老师。由评价者与被评价者民主协商，共同探讨，最终达成共识，同时形成评语供老师把关。这样的修改活动使学生们兴趣盎然，每次的作文修改课成了他们的乐园。学生通过这样的合作，每次作文都会有一些新的认识，每次修改都能改出新的内容。最后全班交流评选出优秀作文，刊登在班级小报上供大家学习。批改作文不再是老师和学生们的沉重负担，在这种和谐快乐的“玩”中，孩子们学会了取长补短，品尝到作文成功的喜悦，从而大大培养了习作的兴趣，轻松地提高写作水平，作文——想说爱你其实也很容易。

叶圣陶先生指出：“作文这件事离不开生活，生活充实到什么程度，就会成什么文字。”所以，我们老师和家长不要怕孩子“玩”，相反要创设孩子“玩”的机会，让孩子在“玩”中产生丰富的情感体验，让他们把思考倾注于笔端，把情感流泻于纸上，用心灵书写精彩的人生。

第三节　小擂台　大学问

曾经教过一年级的一个班，人数是62人，接手时很多老师都为我捏了一把汗，因为大家都知道一年级小孩子比较好动、贪玩、爱说话，坚持坐端正不到几分钟就开始东倒西歪，这么多学生要维持好课堂纪律谈何容易。说实话，第一天走上讲台我也有点招架不住，头几分钟还算安静，十分钟后孩子们就开始坐不住了，我好不容易让左边安静下来，右边又开始动了，真是顾了左就顾不了右，一节课下来嗓子冒烟，可孩子们收获却很少，大部分时间都是在维持纪律。这如何是好？

正当苦恼时，我突然想起邻居家小孩，在家不肯吃饭，可是每次到我家都能积极地吃很多，这是怎么回事呢？原来我家有个小姐姐，她俩在一起比赛吃，两个孩子都争强好胜，不甘示弱，吃起饭来家长自然就不用烦了。可以根据孩子这一特点，把这种竞争意识引到课堂里，让课堂成为擂台，让孩子们自觉自愿地遵守课堂纪律，且快乐地学习语文课。

一、男女生比赛

首先课堂遵守纪律的一方先插上一朵小红花，孩子们有着很强的集体荣誉感，于是不用我提醒，个个坐姿标准，注意力集中，这就为良好的课堂教学秩序做好了铺垫。但这还不够，因为时间长了，孩子们会疲劳，必须调动他们学习的积极性。低年级语文，经常一节课要识记很多生字，如果方法单一，孩子们会很快失去兴趣，识字效率不高。玩是孩子们的天性，好胜心强、爱表现自我、希望得到老师的关注和同学们的认可，是低年级学生的主要心理特征。于是我采用比赛的形式，鼓励大家开动脑筋，看谁识字方法最好，哪方“金点子”最多，获胜方不仅能得到老师的小红花，还将得到另一方热烈的掌声。孩子们的兴趣被调动起来，思维很是活跃，很多“金点子”不禁让你拍手叫好。看到孩子们那一张张兴奋而又紧张的笑脸，你也一定会被感染，原来识字也会如此快乐！不仅识字，其实写字、朗读都可以运用这种对抗赛。字写得好、得圈多的一方，不仅能得到老师的小红花，还可以在班级展示栏里展览。让学生充分读书，练习有感情地朗读课文，在低年级的语文教学中显得尤为重要。教学中，我也将“擂台”请进课堂，让它走进我和孩子们的教学中。每到这时，孩子们都争着要求参赛，而且他们读得是那样专注、那样入神。每个孩子都尽自己最大的努力，读出了自己对课文的理解和感受，他们已经完全陶醉在美妙的语言之中了，这样的读，学生能不喜欢吗？在这样的课堂上，师生们在平等互信的基础上传播着知识信息的同时，也传播着情感信息，进行着心灵的交流、思想的碰撞。在这样的课堂上，教师心中有学生，把学生看成是有自控能力的行为主体和伙伴；学生心中有老师，把老师当成可以信赖的导师和朋友，在沟通、合作、对话、互动、交流中，师生彼此敞开自己的精神世界，获得精神的交流和意义的分享。

二、小组比赛

语文教学要有灵动的课堂，民主、宽松和快乐的教学环境是必不可少的。竞争机制的引进，对营造轻松快乐的学习氛围起到非常大的作用。

例如,对于老师提出的问题,他们会主动地思考,积极地举手发言,从而形成彼此争强的氛围。课堂上,学生不愿意动脑筋,举手发言的学生非常少,这些都是老师头痛的事。面对这种情况,我就会说:“第一组聪明的小朋友最多,因为第一组举手的同学最多。老师最喜欢爱动脑筋的同学了!”其他组的孩子们听了,就会纷纷举起小手。对于回答得好的同学,我会及时地表扬,并为他们组加分。看到自己组的分数因为大家一起努力而越来越多,孩子们就会非常地兴奋,更加积极地参与课堂活动。此外,我们还经常进行组内合作学习,小组内分角色朗读,组内合作背课文默写生词等,展示的时候也是以小组为单位,完成最好的小组不仅可以加分,还可以得到全班同学热烈的掌声。新课标强调:积极倡导自主、合作、探究的学习方式。学生对语文课产生厌倦情绪的主要原因是他们认为:“语文是家长和老师要我学的,不是我想学的。”因此,在课堂上引进有效的竞争机制,让学生积极主动地参与课堂活动,把被动学习转为主动学习,同时建立有效的小组竞争机制,让学生通过师生之间和生生之间的对话与交流获得不同的信息和创意,并在小组或团队中完成共同的任务,从而达到合作学习和探究学习的目的。

三、个人擂台赛

个人比赛在我的教学中运用非常广泛,比如课前的预习、作业的完成情况、在家的读书情况等。 但运用最多的还是课本上每一单元后面的“练习”。我们办公室老师经常在一起交流,大家觉得上课文更有意思,学生更感兴趣,上练习不生动,学生兴趣不浓,很多时候就是读一读,说一说,该背的会背就算过关了。其实不然,“练习”中有很多很好的教学资源,如果把它们利用好,将是学生很好的巩固积累并且达到知识的拓展与延伸。记得我在教学五年级《语文》下册练习3“诵读与积累”时,我先让学生试读,初步理解词语的意思,再让孩子们比赛积累,谁用时最短最先背会谁就是擂主,孩子的竞争意识很快被激发,大家迅速动脑巧妙记忆,最后擂主评出后交流记忆的好方法,发现这些词语连起来实际就是郑和下西洋的过程。于是第二轮擂台赛又开始了,同学们自告奋勇要把这些词语运用到语境中,编成一个完整的故事,谁的故事最生动,说故事时最有表现力，谁就是擂主。这样不仅轻松积累了12个词语，还巩固了课本知识、锻炼了学生的应变能力和口才，培养了竞争意识，学得轻松记得牢，孩子能不喜爱吗？再如教四年级《语文》下册练习3“练习诵读‘关云长温酒斩华雄’”，学生先借助字典扫清不认识的字，然后在规定时间内练习诵读，随后擂台赛开始，谁能把关公的神勇气概通过自己的朗读表现得最好谁就是擂主，每到这时，孩子们都争着要求参赛，而且他们读得是那样专注，那样入神。每个孩子都尽自己最大的努力，读出了自己对课文的理解和感受。他们已经完全陶醉在美妙的语言之中了。这样的读，学生能不喜欢吗？读着读着学生竟意犹未尽，居然提议要演一演。给他们一个平台，孩子们就敢大胆展示，他们自编自导自演，每个人物都栩栩如生。我问他们怎么有这么大本事，他们笑着回答说是跟电视学的，我马上说：“看，生活处处皆学问，只要留心看电视也能学语文。你们通过看电视很好地把握了人物动作、语言、神情、性格的特征，如果能把这些好方法、好习惯运用到自己的习作中，还怕作文写不好吗？”学生听了我的夸奖个个面露喜色。稍稍费了点心思，合理利用了一下教材资源，就收到了这样大的喜悦，何乐而不为呢？新课标提出，要从知识与能力、过程与方法、情感态度与价值观三维目标立体地评价语文课。假如仅仅让学生读一读、背一背，教学任务是完成了，知识也学会了，但是，在学习的过程中，学生是否掌握了学习方法，培养了学习能力？是否会得到这么愉悦的情感体验呢？是否会认识到，语文课也是可以这么开心的，从而从内心深处真正喜欢上祖国的语言文字，培育出热爱祖国语言的思想感情呢？我想，答案是否定的。

在语文课堂中引进竞争机制能活跃课堂气氛，营造一个民主、宽松的学习氛围，同时大大提高课堂效率。但竞争机制只是教学中的一种手段，不是最终的教学目的。因此，在引进竞争机制时要注意围绕教学重点来设计，以完成学习任务为目标，以发挥学生的主体作用为准则，从而避免不当的竞争所带来的一些负面影响。总之，只要每个语文老师严格按照新课标的要求，确立以学生的自主学习为中心，明确教学思想，改革课堂教学方式，提高学生的学习能力，相信我们的学生会喜欢上语文课的。

第四节　飞进窗口的灵感

老师们都知道，注意力的集中对于一堂有效的语文课有多么重要，孩子们如果能稳定、持久地把注意力集中在教学材料上，他们的学习效率将会大大提高。但是对于孩子们来说，他们仍处在一个无意注意占优势的阶段，注意力更加容易集中在具体直观的材料上，同时他们的注意力也更容易因各种新奇、有趣的事物而分散。在课堂上，孩子们经常因为种种意外情况而出现注意力分散、学习效率大打折扣的情况。

有的老师在自己的课堂上遇到过这样的情况：安静的教室里，也许正在讲台上激情澎湃地讲课，也许你正指导孩子们认真地在做某项练习，突然就从窗外悠然闯进来了那么一位美丽优雅的不速之客——蝴蝶，并在众人的目光中翩跹飞舞，舞姿婀娜地在教室里飞。于是乎，原本安静的教室开始响起大大小小的惊叹声："啊！""好漂亮啊！"孩子们的目光像聚光灯一般投射在这位不速之客身上，而他们的小脑袋则像是被风吹动的麦浪一般此起彼伏，只为追随这个小小的、姿态轻盈的不速之客。在过去很长的一段时间里，遇到这样的突发情况，我都是大声地要求孩子继续把注意力集中到教学内容当中来，遇到还继续东张西望的孩子就点名批评，于是很多孩子只好脑袋不动，悄悄把眼睛四处转着继续追踪这位美丽的不速之客。直到偶然有一次，在批阅一个孩子的周记时我读到了这样的句子："今天上课的时候，有只蝴蝶飞进来了，大家都在叫，我也在叫，它围着我飞了一圈，真好看啊！后来它飞到窗户外面去了。今天我好开心。"我忽然发现，原来这样一位不速之客是如此受欢迎的啊！这位不速之客来到教室尽管只有几分钟，甚至更短的时间，但留给孩子的印象却这样深刻，能到了周末写周记的时候还记得如此清楚。于是我开始思考：如果以后再遇到这样的情况该怎么办？该如何把与这样一位不速之客的缘分留在心里，印在脑海中？

于是，又在这样一个短暂的瞬间，我采用了跟过去截然不同的方式。我不再大声斥责孩子，让他们集中注意力，让他们继续认真听课，而是微笑地看着孩子们，和孩子们一起欣赏起这位美丽的客人。我问孩子："你们认识它吗?”孩子们异口同声地告诉我这是蝴蝶。我接着问:“蝴蝶长什么样? 为什么你们一见到它就知道这是蝴蝶啊?”有的孩子说:“蝴蝶很漂亮啊!”有的说:“蝴蝶的翅膀大大的,还有漂亮的颜色和花纹,别的都没有。”还有的说:“我爸爸妈妈告诉我蝴蝶是昆虫。”我接着问:“那为什么你们喜欢看着它呢?”这一下教室里更热闹了,孩子们七嘴八舌地告诉我:“它的颜色鲜艳。”“蝴蝶有好多种呢! 有好多种颜色。”“蝴蝶飞起来很好看,像跳舞一样!”……就这样,在这位不速之客来到教室做客的几分钟里,孩子们对它的了解更全面了,认识更深入了。不速之客走了,我和孩子们的交流却还没结束。我问他们:“我们每次见到的蝴蝶都是同一种吗?”孩子们的回答各不相同,于是大家约定回去以后查查资料,然后写一写,看看谁写得最形象、最有意思。

通过这样一个与过去完全不同的处理方式,我深深感到飞进窗口的也许不只是不速之客,更可能会是语文教学的灵感,是突破语文常规教学的契机。通过这样一个契机,孩子们忽然发现原来描写一种动物其实很简单,他们仿佛一下子就明白了应该怎样写外形,应该怎样抓住特点,同时怎么写会让人觉得更有意思……小小的不速之客,因为处理方式的不同,一下子把被动接受变成了主动探究,眨眼之间把枯燥的写作变得生动有趣起来。

在我们的语文课堂上,突发情况很多很多,很多小意外常常就在不经意的时刻发生了,既无法预料它的出现,也无法预见它的结局。这些小意外有时让人捧腹,有时让人尴尬,有时让课堂秩序混乱……这些小意外有些来自课堂以外,就像飞进窗口的不速之客;有些源于孩子的认知水平还不够;还有一些则源自老师本身。但是不管怎样,语文课堂是属于语文老师和孩子们的,老师一定要学会处理这些课堂突发情况,让这些小意外变成小惊喜,让这些小意外变成孩子们的学习台阶,让我们的课堂更加有效、更加有趣。

因此,对于语文课上的一些突发情况,结合自己的工作体会和其他老师的经验介绍,我进行了一些总结,有了一套还算可行的办法。

在我看来最有效的一招就是抓住机会因势利导。就像窗外飞进的不速之客一样,就势进行引导,可以是语言训练,可以是词汇,可以是知识,也可以是学习方法的指导，甚至可以对孩子的人生观、价值观等进行引导，自然而然地化解突发情况带来的课堂环节的断裂，既不生硬，又行之有效。但是，并不是所有的意外都需要紧紧抓住不放的，还有很多突然发生的状况需要当机立断，及时打住。因为这样一些突发情况有时候尽管来源于学生本身，尽管常常会吸引孩子们的注意力，但是这些情况是无法提高学习效率的，甚至是会干扰课堂，遇到这样的情况就需要老师尽可能把意外带来的注意力分散时间减到最短。比如有孩子在课堂上突然大声地打了很多个喷嚏，这个时候老师要做的就是关心一下孩子，问问孩子是否身体不适，让他擦擦鼻涕，提醒他动静小一些。只要老师表现很正常，解决很迅速，其他孩子就不再觉得好笑，从而觉得司空见惯，当做一件很平常的事情，注意力自然就回到教学内容中来了。

当然，教师如果想要在课堂上做到面对意外情况不慌乱，解决意外有智慧，自己一定要有尽可能广博的语文知识，拥有良好的文学素养。当在课堂上出现一些诸如孩子用错词、说错话而引起哄堂大笑的时候，老师本身的语文知识、文学素养会很好地化解尴尬，产生意想不到的效果。在一节课上，有一道练习题，是让孩子写出带有相同偏旁的生字，其中有个偏旁是“门”字框，孩子们用开火车的方式，写出了“问、闻、闪……”，但是有个孩子上台后实在是想不出学过的带有“门”字框的字了，但是又不想服输，看到黑板上有“勇敢”这个词，也许他以前在哪里看到过，于是就写了“阚”这个字。但是下面的孩子没见过，认为他写错了，于是就指指点点地笑了，还有的指着字对那个孩子说：“哪有这个字啊？”“这是什么字啊？乱写的吧！”这个孩子慌了，脸也红了，有些手足无措起来。“阚”这个字确实不常用，孩子们也没从课本里学过，我一边制止那些哈哈大笑的孩子，一边故作惊讶地说：“哎呀，这么难写的字你都会写啊，太了不起啦！不过你知道这个字念什么？什么意思么？”孩子有点不好意思，说不知道。我告诉孩子们，这个字是个多音字，既可以读“kàn”也可以读“hǎn”，前者为姓，后者形容虎叫声。就此我又进行了引申，让孩子们发现原来在汉字中动物的叫声有不同的汉字形容，在课后我还在班级的语文乐园中补充了大量的词语，比如鹤唳、鹿鸣、虎啸、狮吼……一堂练习课，本来是很枯燥的，但这样一个小插曲的加入，孩子们反而开心了，对语文学习的兴趣高起来了。

总之,对于孩子来说,他们在课堂上那种注意力的不稳定,是符合孩子们的年龄特点的,也是符合他们的认知规律的,教师所要做的就是很好地组织教学过程,尽可能地让自己的教学过程更富有趣味性,更符合孩子的认知特点,这样是可以帮助孩子把他们的注意力慢慢稳定下来。当然,与此同时,对于很多语文课堂中的小意外,教师只要做到胸有成竹,准备充分、备透教材、备足学生,就一定会取得更好的教学效果,让孩子在快乐中学习语文,学得快乐。

第五节 舌尖上的语文

美国著名教育家同时也是实用主义教育创始人杜威是一位非常睿智的人,早在1897年就对儿童教育中的一些问题作出了非常有见地的讲话。他在《我的教育信条》中曾经谈到教材的问题,认为儿童本身的社会活动才应该是学校各种科目联系的真正中心,而不应该是科学、文学、历史、地理。他甚至在多次演讲、多本著作中强调指出了烹调等教育内容的重要性。在杜威看来,像诸如烹饪这样的教育内容不应该是附加在课程之外的,而应该可以代表孩子们社会活动的基本类型,完全可以通过这样的一些课程活动,把儿童引到更高级的课程中。同时,他也指出:“兴趣是生长中的能力的信号和象征。我相信,兴趣显示着最初出现的能力。因此,经常而细心地观察儿童的兴趣,对于教育者是最重要的。我认为成年人只有通过对儿童的兴趣不断地予以同情的观察,才能够进入儿童的生活里面,才能知道他要做什么,用什么教材才能使他工作得最起劲、最有效果。”①

二年级《语文》教材当中有一个小练笔的教学内容,要求孩子们写一种水果,写清水果的外形、味道。过去在教学时,我就是让孩子选择自己喜欢的一种在班上先进行交流,再互相补充,同时我会选择一种比较常见

①杜威:《我的教育信条》,见赵祥麟、王承绪编译:《杜威教育论著选》,华东师范大学出版社1981年版,第6页。

的、有特点的水果，比如香蕉，进行一下点评和重点指导，详细说说香蕉的外形应该怎样写，味道应该怎样写，还能怎样形容得更具体，可以用什么样的修辞手法，像是比喻、夸张等，接下来再让孩子自己动笔写，写完以后，再进行一次反馈，讨论一下优点、缺点，说一说，这一课就算完成了，普普通通，无功无过。问题在于，常常写到最后每个孩子写出来的水果竟然是大同小异，几乎每个孩子到最后交上来的本子上写的都是香蕉，外形、味道也都几乎一模一样。我常想，难道每个孩子喜欢吃的都是一种水果？难道孩子们吃到的水果都是一种味道？怎么才能让孩子真正写出自己爱吃的水果呢？如何让孩子写水果的时候更加高兴些，更加快乐些呢？怎么才能让他们轻轻松松就把自己爱吃的水果写出来呢？我得出的结论是：还是要让他们吃——而且是让孩子们在上课的时候吃。因为不吃没感觉，不让孩子们在上课的时候吃东西就不特别，不让孩子们在上课的时候由老师带着吃东西就不好玩。只有孩子们有了感觉，感到特别，感到新奇又好玩，他们才会印象深刻，甚至会铭记一生。

有了想法以后，我就开始在自己的教学中进行摸索和尝试。再次指导孩子写水果时，我跟孩子们一起准备各种水果。我让孩子提前一天把自己爱吃的水果准备好。我呢，也准备了一些常见的水果，但是在课前，提前把水果进行了加工，全部都切成了小块，还准备了很多牙签。等到上课的时候，孩子们的桌上摆上了各种各样的水果，而我的讲台上则摆上了装满切成小块水果的饭盒。一看到这样的组合，孩子们在教室里就沸腾了，每个孩子都平静不下来，每个人脸上都洋溢出兴奋的笑容，他们的积极性被调动了起来，兴趣也格外高涨。在指导孩子们观察自己带来的水果外形时，每一个孩子已经充满了期待，调动起各种感官，用眼睛看，用手摸，用鼻子闻，所有的感官被调动后，他们在描述的时候也就格外让人馋涎欲滴。等到我端着饭盒，给孩子们品尝我事先准备好的水果时，那一刻教室里的气氛更是热烈。虽然分到手都只有小小的一块，可是孩子品尝得格外仔细，每个孩子都把那小小的水果片放在舌尖细细地咂摸，于是等到那小小的水果片融化在舌尖后，再让孩子们来说说味道，似乎还能感到孩子们的口水在往下滴。通过这样一堂课，孩子们再写出来的水果不仅与众不同，还有了属于自己的味道，而且字里行间透出的还有他们内心的愉悦,不用我教,他们已经懂得把自己的开心写到文字中去。

其实喜欢吃这个特点,仅仅用来写水果,实在是大材小用了。因为孩子们喜欢吃,喜欢品尝各种味道,但是作为教师我明白味道中所有的不仅仅是水果的香甜,还会有酸、苦、辣、咸、涩……所以我会带着孩子们在班会课时一起做“尝一尝,猜一猜”的游戏,拿出一些碟子、瓶子,里面放上糖、盐、醋、酱油……让一个孩子上来尝,然后通过摆出表情让别的孩子猜他尝到的味道,还会让猜中的孩子说一说为什么这么猜,通过他什么样的表情猜出来的。于是在有趣的游戏当中,孩子们慢慢明白了:味道不仅仅是味道,有时也可以是表情;味道不仅仅可以用舌尖去品尝,有时还需要用心去感受;味道不仅仅在食物里,更充满了我们的整个生活。

在我看来,对于语文教学而言,除了水果可以入文,美食甚至可以贯穿我们的语文教学始终。中国有着博大精深的饮食文化,中餐更是积累了多样而且精湛的烹调技艺,炸的,烤的,烩的,炖的,烧的……同一种食材,不同的烹饪方法,出来的味道也会是千差万别。不仅如此,在中餐当中,很多菜肴的名称也是很有特色的:“两个黄鹂鸣翠柳”、“一行白鹭上青天”、“东坡肉”……拥有的不只是诗情画意,还有人文典故,所以可以说,在中国人人都称得上是美食家。喜欢吃,喜欢用舌尖品尝各种滋味,是咱们中国人的一个特点,咱们的孩子难道会不喜欢么?我相信美食一定会是孩子们感兴趣的材料。同时,这份材料对于我这个语文老师来说,既是我所好,也能为我所用,用好美食这个素材,一定会在孩子们的语文学习中起到意想不到的作用。

于是在低年级时,我让孩子边品尝边体验感受,试着写下自己简单的文字,还让他们把自己在外面餐厅里、家里吃到的好吃的菜肴向大家推荐:这道菜是采用什么原材料制作而成的,采用了什么样的烹饪方法,吃起来是什么样的味道。小孩子对于这样的交流非常感兴趣,也很主动,无需催促叮嘱,很乐意地就把自己吃过的好吃的东西写清楚了。除了让孩子动笔写,我有时还带着孩子们一起听相声,学相声演员报菜名,很多孩子通过这个有趣的活动,他们的舌头不仅可以品尝美味,还锻炼了灵活程度,说话、表达都更加利索了。

随着孩子年龄的增长,他们的能力提高了,我就让孩子去读与美食有关的名家名篇。因为毕竟爱好美食绝不仅仅是孩子们的特权，古往今来，无数文人骚客留下了千古流传的名篇佳作，留下了至今齿颊留香的名馔佳肴。在我看来，中国的文学魅力完全可以从这样的名篇佳作中感受到，完全可以让孩子们心醉神迷。一开始我选择了一些现代作者的文字，比如沈宏菲的《食相报告》，这是我带着孩子们读的第一本与美食有关的书。通过读书，孩子们发现原来文字可以比美食更美，原来除了美食，文字也可以让人馋涎欲滴，原来中国的汉字是如此神奇。读了第一本书以后，很多孩子对描写美食的文字发生了很大的兴趣，追着我继续读其他的书，有些能力强的孩子不满足于仅仅读我推荐的文章，还自己找了很多相关的名家名篇来读，在读书的过程中还会选择他们觉得写得特别美、想象中觉得特别好吃而且特别有意思的美食佳篇来跟我讨论，和同学进行交流。苏东坡的《菜羹赋》、《老饕赋》，曹雪芹的《红楼梦》，袁枚的《随园食单》，陆文夫的小说《美食家》……孩子们读了很多，在这些美食佳篇中，他们提高的不仅仅是品鉴美食的水平，还有他们的语言表达能力。

过去我们经常对孩子说“不”，不可以这样，不可以那样，往往越是孩子们感兴趣的事情，我们在教学过程中越是对他们说“不”。但是总这样对孩子的兴趣进行压制，这只会让他们的好奇心慢慢减弱，让他们的创造性受到压抑，自然在语文学习的过程中，孩子就很难享受到乐趣，没有了乐趣，失去了兴趣，语文学习该如何继续下去，孩子们在学习过程中除了枯燥的知识，还能得到什么？不快乐的学习又怎能吸引孩子进一步提高？所以，作为教师，尤其是语文教师，一定要在了解孩子兴趣的基础上，适当选择材料为我所用，选择孩子感兴趣的内容进行拓展，让孩子的语言能力在潜移默化中愉快地得到提高。在我看来，除了美食以外，“玩”也是孩子们所喜欢的、所钟爱的。孩子喜欢出去玩，所以教师可以利用春游、秋游带孩子们游玩赏景。他们会外出旅游，于是有时间时可以组织一堂班会课，让孩子交流自己的游玩体验，让他们自己组织语言，自己把外出拍下的照片制作成幻灯片。还可以推荐孩子们读名家名人的游记……当然，最重要的是教会孩子“玩语文”，让他们边玩边学。

当然，作为教师，一定要明白并不是孩子们所有的兴趣都应该被满足，并不是孩子所有的兴趣都需要被无限放大。因为过分放任孩子的兴趣可能会让孩子在一时之间非常快乐，但也容易让孩子养成了浮躁的不良习气，这对于教师想要去引导孩子更进一步学习、学习更深层次的内容是没有好处的。孩子有可能会浮于表面，仅仅用短暂的兴趣去取代心智的提高，从而没有办法在学习中收获更多。因此，虽然我带着孩子们一起在课堂上品尝水果，带着孩子们去了解美食，但对于孩子把零食带到学校来的行为我是坚决抵制的。我告诉每一个孩子，品尝美食需要的是一种生活的品位，体现出的也可以是一个人的素质和生活态度的从容优雅，但在学习过程中吃零食，那不仅对身体健康没有任何好处，也会降低品尝美食的品位。我觉得作为一名语文教师一定要有敏锐的观察力，对教学具备分寸感极强的控制力，才能对孩子的兴趣进行更好的引导，对孩子们的兴趣进行更好的开发利用。

第六节　东张西望学语文

记忆是一项非常重要的心理过程，甚至记忆力可以说是人的智力的重要组成部分。人之所以能够积累经验、积累知识，其中很主要的一个方法就是靠记忆。在我看来，就语文学习来说，记忆显得尤为重要，因为孩子们需要记忆大量的汉字，每个汉字的音、形、义都要能分辨清楚；孩子们需要记忆大量的词汇，因为这些词汇使用的场合、意思都不相同；汉语言文学宝库中还有大量的句、段、篇需要记忆，它们或是经典名言，或是谚语格言，或是古诗佳句……纵观历史上文学修养高的人，无一不是记忆力惊人，胸藏锦绣，出口成章。但是对于孩子来说，他们天性爱玩，不愿受到约束，想要把他们关在家里，闷在学校，只是一门心思地去学习、记忆语文知识，这不仅是不可能的，也是违背孩子天性的。我想每一位语文教师都知道，语文学习是需要积累的，而且需要的是长期的、大量的积累，但是如何去指导孩子们积累呢？倘若这种学习、积累变成了负担，让孩子觉得枯燥乏味，那么不仅是学习效果大打折扣，孩子们的学习兴趣也会受到影响。

虽然进入学校后，孩子们的记忆水平和能力一直在提高，但是从心理学上看，孩子们最容易记忆的还是一些直观、具体、形象的材料，例如生活中有趣的事情、好玩的游戏、好看的动画片等，而文字、词汇的记忆积累对于孩子来说不仅是枯燥的,也是困难的。我们在语文课堂上,教师总是采用各种方式帮助孩子坐下来一笔一画、一字一词地去认识生字、掌握词语。为了更好地帮助孩子记忆,教师们挖空心思,编儿歌,想规律,可是孩子的记忆能力是不一样的,他们的记忆还需要通过复习巩固来保持,因此往往有的孩子记住了,有些孩子没记住,有些孩子记住了,但没多久又忘记了。过去的很多复习巩固的方式又会在过程中常常让孩子们感觉到乏味,他们往往觉得自己已经会了,不想再复习,但在实际运用中却又发现实际上自己已经遗忘了;甚至还有些孩子在课堂上遇到复杂的内容原本也就是遇到了记忆困难的麻烦,从而课后复习巩固过程就更加艰难。我试图找出一种适合孩子的活动,让孩子们边玩边复习生字、词语,甚至在活动的过程中自己主动地学习新字新词,帮助他们保持记忆,这种活动会让孩子在学习语文的过程中变得更加主动、更加积极,同时也会让语文学习更有趣味。

为了规范汉字使用,让孩子学习规范的简化字,很长一段时间,有很多学校、很多班级组织孩子上街开展"啄木鸟"行动。所谓"啄木鸟"行动,就是把孩子们变身为"除虫卫士",把马路两旁商铺招牌中不规范、不正确的汉字找出来,并要求店家换上规范的简体汉字,从而净化街头的语言环境,让语言更加规范。我注意到,对于这样的活动,孩子们是非常感兴趣的,他们很愿意花时间来做这样的事情,每个孩子在参与这些活动的时候都是如此快乐。我想这样的活动正是我所需要的。

于是,我把这样的活动做了一些修改而带到我的语文教学中来。我也去鼓励孩子到生活当中去观察、去寻找,并且用笔记录下来。但是我让孩子们找的不仅仅是不规范的汉字,还有他们在各种地方见到的或者听到的自己觉得很有特色的各种名称,我让孩子把所有这些内容都进行记录。与此同时,我还鼓励他们尝试找出这些名称中使用的典故、成语,相关的古诗、佳句,也就是这些名称背后的故事。当然我也要求孩子们在寻找的过程中不要忘记把所看到名称当中的汉字与规范汉字相对照,既记录下自己看到的名称,也写下规范的汉字。我提醒他们,如果发现店家在使用过程中对规范汉字进行了改动,那么就要好好想想这种改动会是出于什么样的目的。

对于孩子们所做的记录，我在班级里组织孩子进行不定期的交流，有时是让孩子自己制作幻灯片，在全班进行展示，有时会把孩子们找到的内容贴在板报上。不管采用什么样的形式，孩子们都非常感兴趣，记录下来的内容五花八门。我印象特别深刻的是一场激烈的争论：曾经在学校附近有家卖煎饼的小店，小店取的名字叫“无饿不坐”，班上同时有好几个孩子注意到了这个特殊的店名，并对这个名字产生了兴趣，记录了下来。在进行交流的时候非常有意思：有的孩子说这个小店的名字起得好，有意思，一看就知道跟吃的东西有关，饿了就想去那里坐坐吃东西，而且店名还套用了成语“无恶不作”的谐音，很有创意。但也有孩子提出了反对意见，反对者说虽然是用了成语谐音，看起来挺有创意，但是这个成语本身是说坏人做坏事，这样的名字放在一个小吃店的门头上，感觉跟坏人脱不了关系，不好。当时的讨论很激烈，每个孩子都有自己的想法，谁也说服不了谁。在交流的最后我告诉孩子们，成语有褒义和贬义，很明显“无恶不作”这个成语是贬义，正像有孩子说的那样，创意是很有创意，但是店名用这样贬义成语的谐音，还是不太好的。之所以国家语委会在全国倡导规范使用汉字、成语，就是希望每一个人都能了解汉字的规范用法，分清是非，像“无恶不作”这样的贬义成语还是不要随便反用。像这样的争论还有很多，孩子们都很喜欢，通过争论他们既对成语本身的字音、词义加深了印象，还有了更开阔的眼界。我想无论多少年以后，这些孩子们也不会忘记曾经有过这样一场关于“无恶不作”的讨论，他们的记忆也将镌刻得更加深刻。孩子们对于这样的活动是非常喜欢的，因而也自然也能够坚持，不管是走在上下学的路上，还是回老家，甚至去外地旅游，他们都不会忘记进行记录、拍照，有的孩子还把任务布置给了自己的父母，请他们在平时工作、出差的时候代为留意。很多孩子的父母都说这个学习方法好，“东张西望学语文”学得开心，效果也不错，孩子们能记住很多成语、典故，还认识了不少没学过的生字。

孩子的记忆是从无意识为主慢慢向有意识为主转化的，他们的记忆能力是可以在学习过程中通过训练慢慢得到提高的。可是教师会发现，孩子的情绪状态会明显影响着他们记忆的效果，记忆过程越愉快越主动，记忆的效果越好。孩子们对于记忆的目的性还不明确，常常需要教师的指导和推动，有了明确的目标，孩子的记忆水平是可以明显提高的。在语文教学中，如果教师仅仅用单纯的练习来帮助孩子复习巩固生字、词语，诸如像抄写词语、听写词语、检查背诵等方式，这些固然是帮助记忆的方法，是学习语文的手段，但是仅仅采用这样的手段，不仅会使大脑疲劳，还会使孩子的学习效率降低。要想使孩子在语文学习过程中把对知识的识记变得主动，就必须培养孩子的目的性和自觉性，要让他们主动地去找到目标，明白自己要找什么，查什么，记住什么。孩子在马路上无意看到的、记住的各种名称，我让孩子去寻找其中的意义，当这些无意识的识记内容有了意义，就能够很好地培养孩子有目的的记忆能力。同时，只有让孩子调动多种感官去共同参与，用眼睛看，用嘴巴问，用脑子想，用手写，让他们主动地去寻找规律，总结经验，才能够在不知不觉中增强记忆。当然，通过不断交流这样的方式还能够帮助孩子进一步去追忆，孩子可以在交流的过程中借助各种材料去联想、回忆，他们可以看照片，可以看自己记录的文字，通过回忆和表达进一步加深记忆。

第七节　拉根线条去散步

师：孩子们，今天春游，老师提议来个比赛，怎么样？

生：（好奇心被激起，齐声问）比什么？

师：比一比今天谁拍的风景最美。

生：可是我没有带相机。

生：我也是。

（学生们七嘴八舌议论开来。）

师：（笑）不用相机，也可以拍。

生：（诧异）不用相机怎么拍呢？

师：我们的眼睛就是快门，头脑就是相机，不就能拍出各种风景吗？

（学生恍然大悟。）

师：今天春游，我们比一比谁拍出的照片最美。

（春游后。）

师：同学们，你们拍到了什么风景？

生：我拍到一个很大的湖，微风一吹，湖面上银光闪闪，非常好看。

师：波光粼粼就是这样的景象。

生：我拍的是花坛，里面有各种颜色的花，这些花争奇斗艳，散发着芬芳，引来了蝴蝶在花上飞舞。

师：花坛里的花，不仅引来了蝴蝶，也吸引了你的目光。

生：我拍的是池塘里的鱼，一群群红色的鲤鱼，在池塘里游来游去，有的做着游戏，有的在觅食，自由快乐！

师：你想做小鱼吗？

生：看着它们快乐的样子，我也想做一条小鱼，自由自在的，不用每天弹钢琴，不用星期天上辅导班，可以痛痛快快地玩，多好！

师：老师也希望你像一只快乐的小鱼，虽然不能做小鱼，但我们可以把自己心中的想法写出来，让别人知道，这也很重要。

生：我拍的风景是一个老爷爷在公园里捡垃圾，他头发都花白了，衣服也很破烂，弯着腰在垃圾桶里翻找塑料瓶。

师：别的同学拍的都是美景，你为什么要拍捡垃圾的老人呢？

生：因为我觉得他很可怜，这么大年纪却要捡垃圾，我希望大家能去帮助他，让他过上好日子。

师：孩子，你说得很好，你用一颗善良的心，发现了不一样的风景，而且是很美的风景。

生：我看到了一个小女孩在草地上放风筝，她一边跑，一边笑，风筝在空中飞得高高的。

生：我看到了一个小女孩看到地上有一个已经吃完的零食袋，就把零食袋捡起来，扔到垃圾箱里，我听到她的妈妈夸奖了她，我觉得小女孩的行为很美，就把她拍下来了。

师：孩子们，你们不仅留心了看到的，还留意了听到的，这就是“观察”。其实,生活中处处都有美,一朵盛开的花,一只飞舞的蝴蝶,一棵葱茏的树,一个放风筝的小女孩,一句赞美的话……都是一道风景,睁大你们的双眼,用心去观察,相信你们以后会在生活中捕捉到更美、更多的风景。

春游和秋游,是学校每年例行开展的集体活动,很多老师都会抓住这一时机,布置学生完成一篇作文,于是,本该让学生玩得最开心的春游、秋游变了味,结果是学生玩得不尽兴,完成的作文质量不高。甚至有的学生每次的春游、秋游作文干脆就换个题目和地点,内容竟是千篇一律。如此换汤不换药地应付,试问,这样的作文还有必要写吗?也正因为如此,有些老师,春游、秋游就干脆“放羊”,学生玩是玩得痛快了,可白白浪费了大好的语文学习资源。对此,很多老师也很苦恼:如何能将玩和学有机结合起来,让学生既学得轻松,又玩得开心呢?

俗话说,以管窥豹,可见一斑。我们且来“一窥”上述案例,应该可以得到一些思考和启示。

案例是作文教学片段,教师的教学目标定位是让学生学会观察生活,乐于将看到的、听到的用通顺的句子表达出来。这位教师把作文教学放到春游这一实践活动中,从学生学习规律和学习心境着手,因学设教,在学生自由表达、交流碰撞中顺学而导,乘势而上,最终达成了教学目标。纵观案例,教师的教学是从容的、高效的,学生的学习是愉悦的、自由的,整个教学过程流动着生命拔节的自然韵律。

这让我想到了画家克利一句名言:“画画就是拉根线条去散步。”这最符合儿童的心境,不带有任何预想,只是用渴望的画笔在纸上无意识地画着线条和形状,这些线条到了某一时刻就变得有意识起来,于是一种制约和秩序开始产生。画画是这么简单,其实,我们的语文学习也可以这么简单。

1. 从哪儿来,到哪儿去

语文不同于其他学科,语文是植根于生活中的,每个儿童一出生,就生活在真实的语言环境中。无需老师教,儿童的语言发展就能由一个字到一个词,再到一句话,逐渐掌握许多词,这些语文方面的学习,都是儿童在生活中耳濡目染而学会的。

“生活”，“生”而“活”着，即为“生活”。《诗经·国风·硕人》云：“河水洋洋，北流活活。”中国最早的一部字书《说文解字》说：“活”的本义从“水”而来，表示水流的样子。以现代人的眼光看“活”字的形体，左边是“水”，右边是“舌”，我们也可以理解为：似流水，如巧舌，就是“活”。而“舌”正是发音器官中最灵巧的部分，可代表“说话”，如“笨嘴拙舌”、“唇枪舌剑”等。说话是口语，把口语用文字记录下来便成了书面语，口语加书面语等于“表达”，所以，“舌”也可以表示“表达”。而表达与接受表达就是语文的全部内容。所以，“活”既是语文的基础，也是语文的全部。由此，可以这么说：生活就是语文。

既然生活就是语文，那么在生活中学习语文就是最自然不过的事了。大自然中的群飞蝶舞是语文，秦砖汉瓦上的岁月印记是语文，西湖边的断桥残雪是语文，春游、秋游时的道道风景是语文。当我们要教会学生什么是“一碧如洗”时，只要看看湛蓝的天，便能心领神会；当我们要让学生分辨“嫩绿”和“碧绿”到底有什么不同、“春风拂面”又是怎样的感受时，只要领着儿童走进大自然，那会比任何言语和声响等信息更具有说服力。

因此，我们说，儿童的语文学习离不开生活。生活是儿童语文学习的源头活水，我们的语文如果不接通生活之脉，这样的语文学习无疑是无本之木、无水之源。美国专家华特先生曾经说过：“语文的外延与生活的外延相等。”他高度强调了语文和生活之间的密切联系。离开生活的教学活动是不存在的，而语文教学更离不开生活，生活中无时无处不存在语文。新课标也明确提出了要有大语文的观念，也就是强调学习语文一定要联系生活，要将教学活动置于现实的生活背景之中，从而激发学生作为生活主体参与活动的强烈愿望，同时将教学的目的、要求转化为学生作为生活主体的内在需要，让他们在生活中学习，在学习中更好地生活，从而获得有活力的知识，并使情操得到真正的陶冶。

正如上面的案例，教师利用春游这一契机，引导学生观察生活，欣赏身边的风景，这就是最真实的语文学习。学生看到银光闪闪的湖，看到争奇斗艳的花，看到捡拾垃圾的老人，以及放风筝的小女孩，并用学过、看过的词语准确清晰地描述出来，形成优美的句子，这就是最自然的语言实践。像这样轻松愉快的语文学习，儿童又怎能不喜欢呢？

2. “怎样教”和“教什么”都重要

很多时候，老师们都在琢磨：这节课我该教给儿童什么？我认为，“教什么”注重明确的结果，而“怎么教”则是渗透在过程中的思想和方法，关注的是学生学习的全过程，所以二者要并重。

我们不妨借鉴哈佛的管理理念。哈佛教授在上课的时候，所谓的经验和方法一条都不讲，他不仅不讲，还要拿一个案例反过来问学员怎么办。学员们都很聪明，几乎每个人都给出了自己不同于别人的方案，但教授还不满意，还在逼问大家有没有不同的想法。每个人都被逼着做思维突破运动，要的就是跟别人不一样的想法。

从哈佛的教育来看，老师在教学过程中好像并没有教给学生任何知识和经验，但仔细琢磨，你会发现，老师教的不仅仅是知识，还有学习方式和思维方式，这种不断让学生主动地学、求异地想，逐渐培养起来的就是学生的学习能力。

回过头来，再看我们的教学，老师总是生怕学生学得少、练得少，课堂上拼命地灌输，课后尽可能多地布置作业，仿佛只要说得多，学生就能学得多，只要练得多，学生就能学得好。可是结果却事与愿违，教师的教，最终让学生站在了学习的对立面上，学生的语文学习兴趣没了，主动意识没了，学生一提到语文就嫌烦，我想这些都值得我们教师好好反思，反思我们如何转变思想，去完善我们的教学行为。

3. 预设，让“学”更有效

“教什么”固然重要，“怎么教”同样重要。怎么教才能充分发挥学生主观能动性，积极促进学生学习能力的形成，真正提高学生的语文素养呢？

我想，那就需要我们教师从“教”出发的立足点转换到从学生的“学”出发，以学定教，而要做到“以学定教”，有效预设是前提。近年来，在新课程的理念下，预设与生成的问题成了广大教师悉心探索的一个热点。有人说，没有预设的教学是不负责任的，没有生成的教学则是不精彩的。的确如此，预设体现了教学的目的性和计划性，是教学进程的基本保证。预设决定了一堂课的走向，决定了在这堂课上对学生知识、能力的培养趋向。所以，一堂“以学定教”的课，一定是在教师有效预设的基础上生成的。就好比建筑房屋一样，先要从设计、构架、选材等多个方面考虑，才能施工。

那么如何进行有效预设呢？我认为可以从以下几个方面思考：首先，有效预设应是全方位的预设。叶澜教授曾说过：“教师只要思想上真正顾及了学生多方面成长、顾及了生命活动的多面性和师生共同活动中多种组合和发展方式的可能性，就能发现课堂教学具有生成性的特征。”也就是说，教师在教学前，要去关注和了解学生已有的知识水平和接受能力，认真而深入地思考学生学习的过程和方法，全面而充分地预设学习中可能出现的各种情况，以及对于出现的情况，如何调整、点拨、引导等。只有全方位地预设，教学时才能游刃有余，有的放矢。其次，有效预设应是有弹性的预设。所谓弹性是指整个教学应是球状的，目标指向圆心。在课堂教学中，很多老师的教学是用问题串起来的线性结构，这就好比是只给学生一条设定好的路去走，学生怎么能走出一片广袤的田野呢？学生的手脚、思维都被教师指定的思路给缠绕着，无法解脱，哪有自主可言？而球状的结构，就是教师在一方天地里画出一条线，告诉学生：“这是我们的方向，这是我们的目标，为了达成它，你可左可右，你可走可奔。”这样学生才能自由地找到自己的天空，耕出自己的田地。

4. 顺势而为，方可借势而成

如果说有效预设是一节课成功的基石，那么课堂上的巧妙引导就是通向成功的桥梁。而桥梁的架设，取决于以下几个因素。

第一，学生应在学习的“场”中。新课标对于语文学科性质做了重新界定：语文课程是一门学习语言文字运用的综合性、实践性课程。明确了语文教学的本质是言语能力建构，学生是言语能力建构的主体，所有的教学活动都应该是在满足儿童的学习需要和发展儿童的心灵这样的前提之下展开。观照新课标要求，我们重新寻找出一条抵达学生本位教学形态的有效路径，那就是在教学中建立遵从儿童的心理，顺应儿童学习心境的“心理场”，建立满足儿童学习需要的“问题场”，建立开放的自主的“活动场”，从而打造语文生态课堂。借用徐建成教授的话来说，“教学的立意应该围绕目标设置‘学习场’——促进学生发展这个大方向展开，使学生善于学习，乐于学习，不断进步”。

第二，教师要倾听学生。杜甫在《春夜喜雨》一诗中这样描述春雨："随风潜入夜，润物细无声。"我想，我们语文教师就应该像春雨，在需要的时候悄然而至，将甘露播撒在学生心田。所以，在课堂上，教师要关注学生，不仅要"目中有人"，还要"耳中有人"，及时发现和提取学生传递的信息中有价值的内容，哪怕是错误的信息，也可以转化为教学资源。比如，有教师教学《小松树和大松树》一课，请学生读课文，有一个学生把"我能看到很远很远的地方"这句话读成了"我能看到很远的地方"。这位教师没有直接告诉学生读错了，而是请同学来评价，在同伴的指正下，这个孩子认识到自己读丢了一个"很远"，可这位教师并没有到此结束，而是问学生们："文中有两个'很远'，能丢掉一个吗？为什么？"引发学生思考，学生通过比较知道"很远很远"比"很远"还要远得多，如果去掉，意思就不一样了，所以读书的时候不能弄丢。这样学生不仅弄懂了句子意思，也体会到了用词的准确性。课堂上，教学就像一艘船，当船因风而偏离原先的航道时，教师就要及时调整船帆，把船引回正确的方向。

第三，教师要审时度势。审时度势是指把握教学流程，顺势而为，因势利导。学生在学习场中的学习是自由开合的状态，是艰难探索的过程，学习中难免会遇到各种问题，学生的认知上出现盲点，学生的思维遇到阻滞，学生的情感需要激发，学生的行为有了创新，每每这时候，教师要专心倾听，瞄准时机，给予及时的点拨、归纳、引领和提升，使学生得到新的发展。比如前面的案例，学生对看到的风景一一描述，学生说到湖面被太阳照射的情景，教师顺势总结出"波光粼粼"一词；学生说到池塘里自由快乐的小鱼，教师及时捕捉到学生隐藏在描述中的一种怅然的情绪，适时引导学生说出自己的真实想法；学生说到捡垃圾的老人，对于这一独特的视角，教师立即给予了赞赏。学生的思维被打开了，小女孩放风筝以及把垃圾扔到垃圾箱等，一幅幅生动的画面在学生的头脑中鲜活起来，学生争着描述自己在春游中看到的、听到的，并由此想到的，由眼中的风景延伸到心中的风景，不断地交流着、思考着、碰撞着，学生在不知不觉中逐渐领悟到怎样观察、怎样写作文的方法。这些方法的获得，不是教师灌输给学生的，是教师在充分而有弹性的预设基础上，给学生创造轻松愉悦的"心理场"、自由宽松的"活动场"、平等自主的"对话场"，从中及时捕捉学生中间的热点问题，掌握最新的信息，走进学生的学习生活，进而让有教育价值的活动生成、发展、延续，达到课程真正追随学生发展的目的。

多一些言语实践，多一些有效预设，多一些顺势而为，语文教学也可以“拉根线条去散步”！

第八节　孩子，语文课堂的游戏主角

上海大学李白坚教授在他的作文教学中经常采用这样一个游戏：“他发给每位同学一张纸，开始写作后，当他喊‘停’时，要以竖排为单位，每个同学的文章交给前一位同学，老师喊‘开始’后，每个同学就把别人的文章续写下去，此过程不断循环，直到把文章写完。”这样的写作接龙游戏让每个学生都对写作兴趣盎然。

游戏是孩子们的最爱。记得童年时，和小伙伴们玩“三个字”的游戏，玩老鹰捉小鸡的游戏，玩用麻将盖房子的游戏……沉浸其中，常常是不肯停下、不肯吃饭。游戏对儿童有着巨大的吸引力，难怪教育家卡罗琳说过：“孩子们的工作就是游戏。”弗洛伊德指出：“游戏是由愉快原则促动的，它是满足的源泉。”

孩子对游戏有着如此大的兴趣，那么将游戏用于课堂教学，让学习充满乐趣，也就成了不少教师教学中常用的做法。大家普遍觉得，运用了教学游戏的课堂更热闹，孩子们的学习热情更高涨了。

但我转念一想，不禁自问：课堂热闹了，热情高涨了，这会不会是一种表面现象？由于游戏本身就具有娱乐功能，课堂里的这些热闹和热情会不会只是游戏自身效果所带来的？到底孩子们从中学到了多少知识？是不是每一个孩子都体会到游戏所带来的愉悦并有所获呢？这个环节如果用其他教学方法呢？采用游戏方法就一定是最有效的吗？语文课堂，到底有哪些游戏可用？用得有效吗？

在观摩课堂教学和阅读一些教育教学文章时，发现教师们在使用教学游戏时或多或少存在一些这样的问题:①有些游戏很花哨,过于偏重趣味性,而冲淡了实践性,降低了实效性。②有的课堂游戏使用次数过多,时间过长;同一教学环节平级游戏使用过多,缺乏效率。③使用方式常常过于单一,同一刺激强度的游戏用得过多。④有的游戏,学生参与面过窄……

其实,以上的疑问和存在的问题,都围绕着一个问题,就是我们的老师有没有把我们的学生看做是课堂的主体。我想只有充分考虑到学生是语文课堂主角的游戏才是好的课堂游戏。

这里还要强调的是:课堂游戏,不是将游戏与课堂教学简单相加,而是要找到游戏与学习的结合点,将学习和游戏有机统一起来。这样的课堂游戏能够提升教师的教学效率,它能使学生更容易突破教学的重难点,感受到在娱乐中学习,体会到学习的乐趣。为此有以下几点是值得教师们注意:

1.课堂游戏活动要为教学内容服务

课堂游戏只是教学的一种形式、一种手段,使用游戏是为了更好地为教学服务。教师不可只重视形式而忽略内容,为了游戏而游戏,而要精心设计游戏,对于使用游戏的方方面面,必须充分考虑教学目标、教学内容,针对教学重点、难点进行设计,以达到提高课堂效率的目的。游戏贵在精,而不在多。另外,还有一种现象值得注意,在目前课堂教学中,不少教师为了取得寓教于乐的效果,效法那些电视益智类节目,课堂显得妙趣横生,却逐渐缺失了语文的人文性,学生被眼花缭乱的竞赛或时尚语言所吸引,而真正思考所带来的课堂生成却在萎缩,这样的课堂游戏就失去了意义。

2. 课堂游戏活动的对象要明确

首先,我们的课堂是以学生为主体的课堂,课堂游戏的设计要以全体学生为对象,在最大范围内调动所有学生的注意力,让所有学生成为游戏的参与者和组织者。其次,班级里的每个学生在认知、学习基础等方面存在差异,教师在安排游戏、进行分组时要考虑到学生的学习水平、能力的差异性,让游戏的设计更具有层次性,让每个学生都能在原有基础上有所提高。

3.课堂游戏活动要有组织性

要使课堂游戏活动有组织性，首先，课堂游戏要简便易行，流程要用简捷的语言介绍，易于操作，每个学生都知道如何动起来，这样的游戏学生才会做，也乐意做，课堂才活而不乱，动静有序。其次，虽然我们力求让学生的个性在游戏中得到张扬，但这是有度的，否则自由过度势必影响教学效果。这就需要我们在游戏前，讲清游戏规则及奖惩办法，游戏中注意组织课堂纪律，如果学生脱离了教学要求时要及时纠正，让学生从小明白：课堂要讲课堂纪律，游戏要讲游戏规则。

4. 课堂游戏时间要安排合理

一堂课40分钟，每个环节的时间是有限的，要在有限的时间内，有效完成教学任务，又要保持学生的兴趣，合理地安排游戏时间。游戏时间过长，或操作拖沓，易使学生兴趣下降，课堂效率降低。时间过短，易使学生无法尽兴或任务不能达成，有可能那些能力相对较弱的学生无法得到充分训练。所以，根据教学任务，要参照学生实际水平合理地安排游戏时间。

5. 课堂游戏活动之后要注意总结、检查

成功的课堂游戏能帮助学生掌握好所学内容，但是游戏不能帮我们解决教学上的一切问题。游戏之后，我们还要认真检查、检验一下，学生知识到底掌握了多少，还有哪些地方需要巩固加强，教师及时做总结，以帮助更好地教学后面的知识。

教师在课堂教学中应做到时时心中有学生，课堂游戏的选择和运用是为学生的学服务的。下面就具体谈谈拼音教学、识字教学以及作文教学游戏的种类和使用方法。

一、轻松愉快学拼音

学习汉语拼音是学生小学语文学习的起始，学好了汉语拼音可以帮助孩子正音、识字、说好普通话，在发展儿童语言、促进儿童早期智力发展方面，具有重要的作用。而汉语拼音是一种非常抽象的符号，对于一年级的小朋友来说是非常枯燥的，正因为如此，我们的课本才会配上那么多花花绿绿、生动有趣的情境图。那么对于较长的40分钟课堂时间，该如何让学生有效地又轻松有趣地学习汉语拼音呢？游戏就是一种非常好的手段。以下是笔者整理出来的一些教学拼音的游戏，仅供参考。

1. 开火车

这个游戏是课堂中最常用的一种游戏。可以是在新授时用于巩固新知，也可以用于声母表和韵母表的复习。例如，检查学生声母表的背诵情况。请一个学生做火车头，读b，接着火车开动，下面每个学生依次按声母顺序"p、m、f、d……"背出声母表中的字母。多开几轮，也不妨。火车不仅可以竖着开，还可以横着开、斜着开。学生对此很有兴趣，而且课堂气氛也很好。

2. 接力赛

"开火车"考查了学生们的读，"接力赛"则可以检查同学们的写。

教师先在黑板上画好四线三格，然后将下面的同学分成几组，让他们逐个上台按当堂所学字母的顺序和书写要求每人写一个字母，写好的同学快速下去将粉笔转交给另一个同学，另一个同学继续上台来写，这样一个接一个，就像接力赛。最后看哪组同学最先写完，而且写得又对又规范，教师根据情况给予点评。这个游戏将平常简单的默写赋予了游戏性、竞争性，孩子们乐于接受。

3. 顺风耳

这个游戏可用来复习音近的或字形上容易混淆的拼音字母（如前后鼻音，还有类似于ui和iu、ei和ie等）。

学生每人准备一套拼音卡片。教师或请一位"小老师"报音，其他同学找出相应的声母、韵母或音节，边举卡片边迅速说"找到了，找到了，n、n、n"。看谁找得又对又快，读得又准又快。这个游戏也可以在小组内玩，一人报音，三人找卡片。

该游戏能帮助学生区分较难辨别的音，分辨出字形易混淆的字母，提高学生的听音辨别能力，培养认真倾听的良好学习习惯。

4. 送信

这个游戏适用于字母按声母、韵母和整体认读音节的分类，或者是音节按两拼和三拼分类。

教师准备3个"信箱"，分别贴上声母、韵母、整体认读音节的标签。

再准备一些写有不同的声母、韵母和整体认读音节的卡片，作为“信”。

游戏时，教师可以说：“新年快到了，邮局里有好多信，邮递员叔叔太忙了，来不及送，谁愿意做邮递员叔叔，把信送到相应的信箱里呢？”

随后教师把手中的“信”分给学生。游戏开始了，所有学生一起唱儿歌：“丁零零，丁零零，邮递员叔叔来送信，小小信封是谁的，请你赶快找一找。”拿着“信”的同学依次上来送，比如拿到写有“un”的同学，一边唱“un、un、un是韵母，送到韵母信箱里”，一边把信送进信箱。如果送对了，大家唱：“对对对，快收信。”如果错了，说：“错错错，没人收。”再请别的同学帮助辨认类别。

这个游戏创设了一种特定的情境，让学生在角色扮演中练习拼音分类知识。

5. 找朋友

这个“找朋友”可以找出不少名堂。比如，在复习复韵母时，发给每个四人小组写有“o”、“e”、“i”、“u”、“r”、“ü”和“n”的7张卡片，让同学们想想哪两个字母能组合在一起成为好朋友，能找到几组好朋友，小组之间比一比。

再比如，把声母卡和带调韵母卡交给学生，看哪两个或三个能结为朋友，组成老师所要求的两拼或三拼音节，并大声读它们。

6. 摘苹果

这种游戏适用于每课复习或阶段性复习，适用的内容以认读为主，可以是拼音字母、音节或音节词。

以音节复习为例，教师准备一些用彩纸或吹塑纸做成的苹果。苹果贴上写有音节的纸片，这些纸片可以随时更换，果子则作为小奖品，也可以反复使用。果树，教师既可以做一棵永久使用的，也可以临时在黑板上画简笔画。

游戏形式多样，可根据内容来选择，这里介绍两种：①学生上台任意摘下一个苹果认读，读对了，带领大家读一遍，教师将苹果作为奖品送给他；读错了，则把该苹果送回树上。②教师任读一个音节，学生上台摘果子，摘对了，带领大家读，并获得该苹果；摘错了，则把苹果送回去。

“摘苹果”游戏适用范围广泛，操作简便，可以放在小组内活动。它也可以变通为“拾贝壳”、“采蘑菇”、“摘星星”或“争红旗”等。学生对这个游戏非常感兴趣。

7. 戴帽子

教师把声调做成独立的卡片，即“帽子”，只需两顶，一顶画上第三声“ˇ”，另外一顶画一横就行，因为第一声、第二声和第四声其实就是一条直线，只是摆放角度不同而已。再准备几张需要操练的不带声调的韵母卡片，将它们整齐贴在黑板上。

课堂上教师拿着“帽子”在各个韵母上自由移动，摆出不同的声调，帽子停到哪儿学生们就大声报出来。也可以这样用，教师报一个带声调的韵母，请一名学生上台戴“帽子”并带领大家读一读。学会这两种方法后，四人小组也可以玩，一人摆，另外三人读，或者三人依次出题，第四人摆。学生动手又动脑，十分有趣。

8. 抛骰子

在学完六个单韵母后，自制一个骰子，这个骰子可以用小药盒做，也可以直接用家里大一点儿的骰子。在骰子的六个面上分别写上或贴上不同的单韵母。孩子们把骰子抛着玩，要求边玩边读出骰子朝上一面的字母。当学了更多知识时，每面上的内容，可以根据需要换成其他的。

这样的游戏主要是让学生能在玩耍中达到熟练认读的目的。

9. 看口型猜字母

教完单韵母或复韵母后，让学生看着老师的口型猜猜老师发的是哪个字母的音，也可以同桌互猜。这个游戏主要是帮助学生进一步感知不同韵母的口型，尤其是找到复韵母不同口型之间滑动的感觉。

10. 手指演练

这个游戏主要是帮助学生记住拼音字母的字形。可以两两互相配合，一人用手指做手型，一人发音。如左手拇指和食指弯成 o，张开一点就是 c，加上右手食指和拇指就成g，两只食指交叉成 x，c 中横着加右手食指就是 e，等等。这样的游戏可以自娱自乐，也可以师生共做。学生在游戏中动脑、动手、动眼又动口，把记形和发音紧密结合起来，于快乐之中识记字母。

11. 肢体操

“b、d、p、q”这组字母历来是学生学习拼音的难点。如何区别它们呢？不妨跟着下面的口诀做做肢体操吧。

首先，伸出双手，边念边摆：“左拳b来右拳d，两拳相对念b d。左下p来右下q，两拳相对念p q。”

接着，坐直身体，边念边做：“左手叉腰d d d，右手叉腰b b b，左手摸头q q q，右手摸头p p p。”

这个游戏中，学生的眼、耳、嘴、手、脑全部动了起来，而且游戏形式活泼，学生乐于接受。

12. 打扑克牌

扑克牌，大家再熟悉不过了，很多人也非常喜欢打扑克游戏。那么怎样利用这样的游戏进行拼音练习呢？

在学完六个单韵母及其四声后，可以用打扑克牌游戏进行单韵母复习。教师先指导学生自己制作二十四张扑克牌，每张扑克牌上分别写上一个带声调的单韵母，如ū、ǐ、ò、ā等。游戏人数可以是两名同学，也可以是三或四名同学。做游戏时，首先，像普通扑克牌洗牌那样，把拼音扑克牌洗一洗，接着每人按顺序起完牌后，手中有ā的同学先出牌，接着有á的同学出牌，然后有ǎ的同学出牌，依次类推。谁手里的牌先出完，谁就获胜。随着所学拼音的增多，制作的扑克牌数可相应增加。我们可以管这类扑克游戏叫“扑克接龙”。

还有一种扑克玩法，也很有趣，它能帮助学生进行音节拼读训练。在学了声母、韵母后，先指导学生制作带有声母、韵母的扑克牌。游戏人数是两名同学。做游戏时，依次起牌后，一人出声母牌，口里还要念“我出……（比如，我出‘p’）”，另一人必须出要能与对方相拼的韵母牌（比如，出“ai”，出牌者还要念“我出ai，p-ai-pai，拍球的拍”），说对了，对方的牌就被你赢过来了。说错了，你就输掉这张牌。最后，看谁手里的扑克牌多，谁就赢了。

只要发挥学生们的创造力，拼音扑克牌一定还会出现其他许多玩法。新颖的扑克牌游戏，可以极大地激发学生学习汉语拼音的热情，让同学们在玩中学，在学中玩，达到“寓教于乐”的教学效果。

总之,拼音教学中,如果能恰当地安排游戏活动,不但能使学生从中感受到语文的乐趣,而且能提高他们的参与意识和课堂关注度,让教师的教变得更轻松、有效,学生的学变得更愉快、扎实。

二、游戏识字乐无穷

新课标要求小学阶段认识常用汉字3 000个,其中2 500个左右要会写。而大部分识字任务都是在前三年完成的,特别是前两年,一年级要求掌握常用汉字500个左右,二年级要求掌握1 000个左右,低年段就占了整个小学阶段识字量的一半。而识字、写字是阅读和写作的基础,学生掌握汉字知识是否扎实直接影响到以后语文学习的水平。可见,字词教学是语文教学尤其是低年段语文教学中一项重要内容。而此阶段的孩子具有天真、好奇、爱玩、好动的特点,课堂上往往很难长时间保持注意力集中。面对如此简单的文字符号,又如此大的识字量,如何让孩子对陌生的汉字感兴趣,让课堂充满情趣呢?如何让孩子扎实、轻松地掌握汉字知识呢?我们不妨来尝试一下通过游戏方式吸引孩子,让他们在不知不觉中完成识字任务。

学习拼音时的不少游戏也可以用到识字上来,如开火车、摘苹果等。

1. 开火车

教师出示一组生词,"开火车",一人读一个,如果有人读错,停下及时"修理",再继续开。此游戏形式也可以变一变,例如,变成同桌二人一齐起立读,我们叫"开双轨火车",还有"环城火车"、"翻山火车"等,形式多种多样。变换一下形式,给识字过程带来调剂,学生会觉得更新颖、更有趣。

2. 摘苹果

这个游戏是低年级识字教学最常用的方法之一,游戏方式在前面已有介绍,这里不赘述。在识字教学中要变的就是把苹果上的拼音卡片换成生字卡片。为了达到竞争的目的,调动学生的积极性,比赛时可以采取组间对抗,比如,比一比哪一组先按要求摘完苹果等。这种游戏识字方法应用于一课的生字学习及巩固,既方便又高效。

3. 添砖加瓦

这个游戏可以这样做:教师先写出一个字,学生在此字的基础上根据要求添一笔或两笔等，变成一个新字。如“日”添一笔，可以变成“田、由、甲、申、旦、旧、白、电、目”等。在动脑、动笔的同时，学生深深地感受到汉字的趣味，不知不觉中，字形得到了巩固，识字量也得到了增加。

游戏也可以这样做：教师写出一个不完整的字，让学生把笔画补充完整。这几个补笔画的过程除了起到帮助学生巩固字形的作用，还可以帮助学生记住字的笔顺。

4. 找朋友

根据合体字的规律，把它们做成偏旁卡片和独体字卡片，发给学生。一个学生拿到卡片后，大声说：“我是‘日’字旁，谁来和我做朋友？”另一个拿着“青”卡片的同学说：“我是‘青’，我来和你做朋友。”两个人握了握手，把“日”和“青”组成“晴”。接着让学生说说，为什么“晴天”的“晴”是“日”字旁。从中学生可以进一步了解形声字，理解形旁表义、声旁表音的规律。这个游戏从汉字本身挖掘趣味性，巩固了识字效果，让学生感受到了识字的快乐。

5. 我是小法官

这个游戏可以用于新授完生字教学后，对学生进行生字知识的巩固性练习。具体形式如下：让学生每人准备一张自己掌握非常好的生字的卡片，选择自己的小伙伴进行互相检查，互相读出对方手里的字音、词组等。如果读出来就算过关，再找下一个小伙伴继续作为小考官；如果没有读出来，就要小老师教会，才可以结束。在这个游戏中，每个同学不仅把自己已掌握的知识进行了巩固，牢牢地记住它，还同时能学习到其他同学手中的生字，起到查缺补漏的作用。活动让每个学生都能找到自信，也训练了他们独立学习的能力。从这个游戏不难看出，教师已经把学习的主动权还给了学生，教师则成为学生学习和发展的促进者，学生是真正的课堂主体，

6. 猜字谜

这种方式可以有效地调动起学生的注意力和好奇心。如：八张口是“只”；十八张口是“杏、束、呆”；人在云上走，是“会”；王白石是“碧”；一口咬掉牛尾巴是“告”；门里躲着一个人是“闪”；两人在土上是“坐”；“十张口，一颗心，猜猜看，动脑筋”，就是“思”；“木对木，叉对叉，大手下面一把

抓”,就是“攀”;“一点一横梁,梁下开个窗,大口张着嘴,小口往里藏”,就是“高”。学生猜谜的过程就是识记字形的过程,把汉字按照结构分成不同部分的猜谜,能让学生快速识记生字,这种识记不同于机械识记,是在积极的思维活动中记忆汉字,更加有趣、有效。

有的学生自己编字谜:“我是一种鸟”,答案是“鹅”。同时还加入一首古诗:“鹅、鹅、鹅,曲项向天歌,白毛浮绿水,红掌拨清波。”这个字谜很有意思,巧妙地将字形和字义联合起来,还结合古诗,恰到好处。虽然鹅并不是鸟类,但是把“我”字和“鸟”字结合到一起形成“鹅”字却能让人记忆深刻。再比如教学“鲁”字时,让学生猜这样一个字谜:“上面在水中,下面在空中,要问家在哪,老家在山东。”鲁是山东省的简称,这个字谜除了按照字的结构来猜谜,还融入了文化知识,很是巧妙。

这些字谜语言精练,充满趣味。猜字谜的过程其实还是学生感受汉字美、语言美的过程,学生在这样的游戏中不知不觉受到了美的熏陶。

识字游戏的种类还有很多。在教学中,我们要灵活巧妙地使用这些识字游戏,不要一味为了活跃课堂气氛而使用太多。要根据生字的特点、学生的实际来灵活选择运用,切忌生搬硬套,因为使用游戏的目的是识字,而不是流于形式。只有这样,才能让我们的学生真正地成为语文课堂的主角,让他们在识字的同时享受语文学习的乐趣。

三、游戏作文增乐趣

作文,是语文综合能力的运用,一直以来就是语文教学的重点。可是在日常教学中常常会出现“学生怕,教师难”的现象。怕就怕在无话可说,没有兴趣写,不知怎么写;难就难在如何激发学生兴趣,提高写作的能力。孩子天性喜欢游戏,我们不妨把作文和游戏结合起来,通过游戏活动,让学生爱写作、会写作。

(一)把游戏活动引入课堂,激发学生写作兴趣

新课标作文教学要让学生易于动笔,乐于表达。弗洛伊德曾这样描述:“我们是不是应该在童年时代寻觅富于想象力的能动性的第一道轨迹呢?孩子最喜欢的、最投入的活动是游戏……他在游戏中创造着一个属

于自己的世界,或者说,是他在用自己喜欢的新方式重新组合他那个世界的事物。"正因为如此,作文教学比其他任何一个学科更需要游戏。学生只有在情感上产生了想要表达的愿望,才会产生写作的动机。

俄国教育家乌申斯基指出:"没有任何兴趣、被迫进行的学习,会扼杀学生掌握知识的意图。"将游戏引入课堂,学生的游戏兴趣能诱发其言说的兴趣。久而久之,便渐渐对写作产生了兴趣。上海大学李白坚教授的趣味作文教学,在"好玩"二字上做文章。如李白坚教授的作文课《找朋友》:

> 新生入学,彼此陌生,因此结交朋友、寻找友谊是他们的最大需要。"找朋友"就是鉴于这一心理基础而创设的。
>
> 上课后,请每个学生用100~150字写一幅"自画像":只许写头部,如眼睛、鼻子、嘴巴、耳朵等。如果觉得脸部刻画不仔细,才可以写自己的头发。描写要逼真详细,独特处更不能忽略:如一颗痣、一粒斑、鼻子特别大、眉毛特别细等。"自画像"中不许写衣服、不署名、不注明性别。时间:10分钟。
>
> 全班学生分为甲、乙两组。"自画像"完成后,我将甲、乙两组的"自画像"收上来,将两组的"自画像"互换,这样,每个学生都将拿到另一组同学的"自画像"一份。甲组端坐不动,由乙组"按图索'人'",一一找到自己的"朋友",并进行9分钟的采访,采访时要带上纸笔,以便记录内容,就像记者一样。完成后回到自己的座位。甲组同样进行。
>
> 我将事先拟定的"采访提纲"写在黑板上,供采访的学生参考。采访内容有:姓名、爱好、原学校、成绩、家庭、是否喜欢作文等,当然,还应该适当描写被采访者的音容笑貌。
>
> 采访完毕,让每个学生写一篇标题自拟、副标题为"——某某某同学采访记"的文章。

在这些游戏性活动中,学生们产生了想要表达的冲动,在快乐的游戏活动中,孩子们张扬着个性的语言,写作就在这种兴奋中水到渠成。

（二）游戏有选择

并非所有的游戏都适合课堂，学生感兴趣的游戏才能唤起学生强烈的体验。以下有几种游戏能吸引孩子，教师也容易操作。

1. 争输赢

学生玩游戏最喜欢争个你输我赢，具有竞争性的游戏能让学生完全调动全身力气或者是精力，不管是参与者或是观看者都会非常投入。这种游戏可以是个人参与的，比如扳手腕、吹乒乓球、抢椅子等，也可以是团体参与的，比如传悄悄话、古诗连连看、成语接龙等。个人竞赛往往层层选拔，最后赛出冠亚季军。团体参与强调合作互助、相互配合。这两种形式的游戏，对于训练学生的动作、细节和场面描写都很有好处。

2. 表演秀

小学生有很强的模仿能力和表演欲望，我们可以设计一些具有表演性质的游戏。比如"木头人"的比赛，学生用自己夸张、搞笑的表情和千奇百怪的姿势把他人逗得乐呵呵。再比如，所有的学生不许发声，两个表演者无道具上台表演拔河比赛的情景，像模像样又带有想象和夸张的表演，无不让场下的观众乐翻天。到写作时，学生自然会迫不及待地把看到的、想到的写下来。

3. 尝尝鲜

孩子对新鲜事物都充满了好奇。因此，我们可以设计一个用吸管穿土豆的游戏。学生在无数次尝试中找出穿土豆的好方法，由于是亲身经历、深有感触，所以做完游戏后学生恨不得马上就把自己所做所想写出来。

一般游戏操作步骤主要有以下六个环节：①激情导入。教师要用趣味性或悬念性的语言激发起学生的好奇心和求知欲，调动起他们的积极性。②宣布规则。教师要简明扼要宣布游戏规则，让学生一听就明白，并获得所有同学的认同，教师在说话时语速可以慢一点，以便让所有学生都记清楚，便于后面写作。③开展活动。确保让所有人都参与游戏中，他不一定做这个游戏，但他要把注意力集中到游戏中来的。在游戏时，教师要适时予以写作指导，游戏是写作的主要内容，这是教学的基础。④叙说过程和感受。游戏结束，学生意犹未尽时，帮助学生回忆过程，让他们尽情述说所见、所闻、所感，并渗透写法指导，还要就写作中容易出现的问题予以防范。⑤动笔写作。说完就动笔写，写作时，教师巡视，个别指导，并发现典型，为后面评价做准备。⑥评价修改。选取典型作品，带领学生分析优点、缺点，互相启发，修改作文。

（三）使用游戏时需注意的问题

1. 游戏要与知识点相结合

要根据不同的游戏设置不同的知识点。比如个人比赛游戏，像扳手腕这类的，教师在指导写作时，侧重点应放在人物的动作、表情和心理活动描写上；如果是集体游戏，侧重点就放在游戏时其他同学的反应、场面描写上；还要对整场游戏进行描写，重点部分应有选择，要详略得当。每节课的教学，教师都要有侧重点，这样目标明确，学生作文才会重点突出，作文训练才会有效。

2. 写作前要指导观察、积累

教学中要指导学生对游戏过程的观察，想想当时的情感，以及给予好词佳句的积累。可以边玩边指导，抓住游戏的各个环节，按照“首先……接着……后来……最后……”等顺序对游戏过程进行梳理，指导说一说：同学是怎么做，其他同学有什么反应，自己现在是怎么想的，心情可以用什么词来形容，等等。教师可以板书学生回答精彩的词，并给予补充。另外，要注意的是，指导时要关注那些作文薄弱的学生，尽量给他们发言的机会并对他们的表达给予指导，帮助他们打好写作的基础。

3. 游戏时要注意控制时间

玩的时候觉得时间很快，一转眼下课了，习作时间没有了，这就需要教师对课堂控制，毕竟这是作文课，不是游戏课，游戏是为写作服务的。玩得尽兴时停下来是写作的最好时分，刚刚经历的就在眼前，当时的想法和心情没有忘记，最有话写。但往往尽兴时也是学生最不愿停下来的，这就需要教师巧妙引导，激发他们的写作兴趣。

游戏活动让学生爱上写作，通过教师的指导，学生学会了写游戏情境下的作文并体验到成功的快乐，孩子成了习作课堂里真正的主角。

游戏是儿童心理和生理的本能需要，儿童可以在游戏中摆脱种种束缚，激发无限的想象力和创造力，在课堂中，尽情享受游戏带来的学习快乐，从而真正体验到生命的乐趣。

第九节　语文可以聊出来

在和很多家长沟通过程中，我们了解到，在对孩子的教育中，出现最多的问题之一就是："老师，我的孩子都不跟我说话，每次问他话，他都是随便敷衍两句，怎么办啊？"这种情况让父母很担忧，因为如果孩子不和家长沟通，我们就不知道他学习的真实情况，不仅没法在生活中帮助他、引导他，也没法让他感受到来自父母的关心。可事实上，孩子是很愿意和我们说话的，只是因为我们自己不会聊天，反而把这扇门给慢慢地关上了。教师要帮助家长在课余时间配合引导孩子，有技巧、有方法地培养孩子的语言表达能力和思维能力。从"小处"着手，提起孩子的兴趣，让聊天也变得轻松起来。下面是孩子记录下来的聊天过程：

一天夜晚，天色很普通。白天里蓝蓝的天像被谁浓浓地涂上一层墨水，除了月光，不见一点明朗的色调，天际朦朦胧胧的云，像仙女披着纱布在甜睡。天空宁静，几颗星星眨着兴奋的眼，孩子似的眼，我想它们也一定喜欢这样的夜，不然何以这样欢欣？在这样地地道道的静夜里，我和父亲一人拿着一条席子，来到一个很宁静的地方，躺在席子上面聊天。父亲总是喜欢跟我聊我的学习情况和他的学习经历。那天夜晚，父亲先跟我聊的是一位世界著名的文学家——雨果。之前，我只知道雨果是个文学家，是一个法国人，著作有《巴黎圣母院》、《冰岛莽汉》等，对他只是大概了解。但父亲仔细讲给我听之后，我才真正知道了他的身份及许多细节。父亲接着聊到学习。以前父亲对我所提的任何问题都很仔细讲给我听，近年来父亲只有学习上的事才认真回答，而一旦提学习以外的事他就很严肃地要求我自己思考。在还没聊学习之前，他先点支烟，并深深地吸一口，呼出来的烟把他时而严肃、时而慈祥的脸给挡住了，再望望天空说："你可知道语文最重要的地方是什么吗?"我怡然自得地回答："上课听讲，认真完成作业并复习、预习。"他又轻轻地吸了一口，说："对是对，但你只说到了最基本的。而最重要的是四个字：积累、体验。"他望了望我，接着说："积累：多记好词、好句、好段及名言警句等；体验：走进社会，比如在社会上要仔细观察，感受这个社会。"说完他又深深地吸了一口烟，然后我俩进入了沉默状态。呵呵……从聊天中轻轻松松地学到了语文，太有趣了。

那次外婆来我家后，我明白了没有文化的人也懂语文，因为生活处处有语文。

外婆是一个没有文化的人，所以我一直很少与她交谈。但是，通过后来发生的几件小事，我对她的看法发生质的改变。

我正在钻研一道非常难的数学题，外婆在旁边看我做。半晌，我仍未动笔。外婆看我下不了笔，便对爸爸说："远东，你去帮帮陈聪吧！""不了。我在奥数方面还不如他呢！我去帮他和不去帮没什么两样。""不对。三个臭皮匠，顶个诸葛亮。你们两个在一起，一定是好的。"爸爸拗不过外婆，只好来帮助我。我与爸爸你一言我一语地讨论，进行交流，不一会儿就解决了刚才的难题。后来，我问外婆她如何知道"三个臭皮匠，顶个诸葛亮"这句谚语。她说："我也有好几十年的人生经历了，听得多了，自然就明白了一些谚语，并会熟练地运用。"

有一天我兴冲冲放学回家——这天的作业少，我早就做完了。到家后，我迫不及待打开电视，津津有味地欣赏起电视节目来。时间就这样一分一秒地过去了，一直到吃饭，我竟然一连看了两个小时的电视！外婆对我说："这样多不好，看那么多电视。"我反驳道："不就是两个小时的电视吗？我一天有二十四小时，花两个小时也没什么啊。再说，你也经常看啊！"外婆说："一寸光阴一寸金，寸金难买寸光阴。现在的你应该多用时间来学习，而不应该把时间浪费在这上面。我老了，没事干，看看电视也没什么啊！”

通过这两件事，我发现：外婆虽然是个没有文化的人，但她会谚语——这是因为在生活中有谚语。谚语是一种语言，是语文中的一类。换句话说，就是生活处处有语文。我们要观察生活，从谈话中学语文，从生活中学语文，“从无字句处读书”。

这两个例子都是孩子在细微处所感触到的东西。在平时的语言环境中，如果能够适当引导孩子，不仅会让孩子信息掌握更加牢固，而且会提起孩子去了解、去吸收的兴趣。伟大的人民教育家陶行知先生早就提出了“生活即教育”、“教学做合一”、“为生活而教育”的理论，他一再强调“生活是教育的中心”，他大声呼吁要“教会学生学习，教会学生生活，教会学生做人”。

语文源于生活，用于生活，发展、完善于生活，家长可凭借语文与生活的密切联系，运用陶行知“生活教育”理论实施生活化教学，即将教学活动置于真实的生活背景之中，激发学生听、说、谈、写的强烈愿望，将教学的目的要求转化为孩子的内在需要，让他们在生活中学习，在学习中更好地生活，发展孩子的多元智能，培养孩子的生活能力，陶冶孩子的生活情操。

家长应努力拓展孩子的生活空间，引导孩子积极地亲近自然，接触社会，发现生活中的真善美和假恶丑，让孩子细细品味身边的一切。

一、亲近自然

广袤神奇的大自然是孩子特别心驰神往的。家长应带孩子走出课堂，走向大自然。攀登峰峦雄伟的高山，欣赏烟波浩渺的太湖，游览四季葱郁的竹海；观察蚂蚁搬家、日出日落；倾听鸟语虫鸣、细雨缠绵；感受春的生机，夏的热烈，秋的浪漫，冬的纯洁。当孩子把大自然这本书读上一页，心灵就会有一次愉悦，感情就会有一次升华，必将诱发其表达的强烈欲望。

二、接触社会

社会应该是孩子学习知识、学会做人的重要课堂。家长要引导孩子主动地深入社会，观察身边的人物，留心周围的事情，关注身边出现的每一点变化，收集周围的民歌、谚语、歇后语、广告词等，从中积淀语言。联系生活实际有意识地开展一些有意义的活动，种花栽树，游园踏青，参观访问，义务清扫街道，为敬老院的老人做一些力所能及的事。有时把课堂迁到操场上，组织有趣的游戏、活动，让孩子记下热闹的场面、气氛以及游戏、活动的经过。

自然、社会环境为孩子打开了认识世界的窗门，丰富了他们的生活阅历，充实了他们的内心感受，怎愁无话可说、无情可言？

总之，生活是语文的本源，语文因生活而辉煌，生活因语文而精彩。让语文教学和社会生活相衔接，与生活同在，学习才能焕发出蓬勃的生机。

第十节　让孩子的精神“溜达一圈”

叶圣陶先生说：“文章的开头，犹如一幕戏剧开幕的一刹那情景，选择得恰当，足以奠定全剧的情调，笼罩全幕的气氛，使大家立刻把纷乱的杂念放下，专心致志看那下文的发展。”良好的开端是成功的一半，写文章如此，授课亦然。结合自身教学实践及观摩教师的公开课，我认为课前谈话如春风化雨般稳定学生情绪，又似春风细雨拉近师生距离，又能调动兴趣，活跃气氛，亦能在不着痕迹中，引领孩子学习、探索，从而达到“课未始，趣已生”的境界。

如一位老师借班执教《詹天佑》一课，课前和学生进行了这样的谈话：

师：喜欢张老师吗？说喜欢我那是“一见钟情”。（生笑。）

师：你们的语文老师姓什么？

生：姓李。

师：比一比看，我和你们的李老师有啥不一样呢？

生：稍胖一些，我们李老师瘦一些。

师：“瘦”这个词李老师不一定喜欢，叫“苗条”她就高兴了。

生：您是男的，我们李老师是女的。（生笑。）

师:你还别笑,这一点她一眼就能看出来。

生:您的性格比较幽默,李老师比较温柔。

师:你比较喜欢哪一个呢?

生:我两个都喜欢。

师:你是一个都不得罪啊!(生笑。)

师:刚才说了不一样的地方,大家再看看我和李老师哪些地方一样呢?

生:李老师戴眼镜,您也戴眼镜。

生:你们都是老师,都有五官。

师:这话我听得怎么这么玄乎。(生大笑。)

生:你们的教学目的一样,就是培养好学生。

师:这话我听得好像吃了蜜似的。

师:还紧张吗?

生:不紧张了!

师:上课!

借班上课地点大多安排在大礼堂、阶梯教室,有的甚至是会议展厅等,学生很少在这些地点上课,陌生的环境、肃穆的气氛,人为地增加学生的紧张感。再加上学生已经适应了原来老师的教学方式,初次与新教师接触,不了解他的脾气性格,不熟悉他的教学风格、教学习惯等,这些使学生压力过大,导致不敢回答问题或害怕答错问题,担心自己表现不出色而出丑。如果让学生带着这样的情绪匆匆上课,教学效果可想而知。此时课前谈话,犹如一支“镇静剂”,能起到稳定学生情绪、缓解紧张的作用。

著名教育家苏霍姆林斯基认为:“如果教师缺乏幽默感,就会筑起一道师生互不理解的高墙:教师不理解儿童,儿童也不理解教师。”这样幽默风趣的课前谈话,虽然是个小小的环节,却如春风化雨般,使学生得以更快更好地融到课堂教学中。借助学生感兴趣的话题,配以亲切鼓励的语言调节,在赞美声中打开学生自信之门,快速消除紧张心理,使学生在轻松、活泼、欢快的环境气氛中不知不觉进入课堂情境。愉悦轻松的课堂氛围肯定会让学生以最佳的精神状态进入课堂学习,从而提高学习效率。

本学期，我听过东莞彭才华老师的一堂课。请看看他是怎样进行课前谈话的吧：

师：我的名字叫彭才华。呵呵，看出了什么？

生：老师一定有“才华”。

师：说有才华不敢当，我也希望自己“才华横溢”。不过，我的学生都在学校叫我另外一个名字——外号。说说你们的外号？

生：我的外号叫“肥仔”。

生：我的外号叫“耗子”。

生：……

师：想知道我的外号吗？

生：想。

师：不告诉你！你们猜猜？

（生猜测不出。）

师：初次见面，知道我的姓氏，怎么问候我呢？怎么叫我呢？叫我什么老师呢？

生：你好，彭老师。

生：彭才华，你好！

师：叫我“彭老师”是尊敬我，叫我“彭才华，你好”，那是有礼貌。你们这么尊重老师，又讲文明有礼貌，我告诉你们我的第二个名字吧——彭友。试着叫叫我吧。

生：彭——友！

师：今天真高兴，我又结交了一些“朋友”！

彭才华老师在上课之前，毫无忌讳、大大方方地说出自己的外号叫“彭友”，课堂中的关系就神奇地变成了“大朋友”与“小朋友”。如此诙谐、幽默的开场白，不仅是对自己的一种介绍，还拉近了师生间的距离，学生们一个个笑逐颜开。情感交流了，师生之间不再存在什么距离，老师也不再高高在上。

我不禁反思：谁还会不喜欢这样的老师？谁还会不喜欢这个老师上课？谁还会不想听这样的老师上课？谁还会不想交上这样的“彭友”？俗话说：距离远，产生美。而我说：“距离近，生成美。”

英国教育家洛克曾经打过一个恰当的比喻：“你不可能在一个战栗的心理上面写上平正的文字，正同你不可能在一张震动的纸上写上文字一样，而学生与老师相处，只有思想上感觉到安舒与自由时，只有当学生心里保持一种安闲况境时，他才能接受新知识，接受新印象。”对于彼此不熟悉的师生，互相的沟通与了解对增进师生情感尤为重要。此时的课前谈话，犹如春风细雨，拉近师生之间的心灵距离，增进师生之间的情感。

记得教三年级时，我借班上新课，执教《田忌赛马》，课前设计了这样一段谈话：

> 师：小朋友，你们喜欢做游戏吗？
>
> 生：喜欢！
>
> 师：我们一起来做个游戏好吗？
>
> 生：好！
>
> 师：这个游戏的名字叫“比大小”。注意：我手中有两份纸牌，每份有三张，分别是2、3、4，其中一份牌发给你们，请你从中任取一张，和我的一张纸牌比大小。我敢说，不管你先出哪一张，我都会两胜一负。你信吗？试试看！
>
> 生：我先来！我先来！
>
> （学生争强好胜的情趣一下子就被点燃了，为了取得胜利，他们和老师斗智斗勇。）
>
> ……
>
> 师：怎么样，事实证明我是最终的“赢家”吧！你们想知道其中的原因吗？

在这样的引导下学生兴趣盎然，这么一玩，学生兴趣高涨了，课文中抽象的难点问题轻松地被具体化了、形象化了。学生们乐在其中，学得轻松。后来有教师评价说：将游戏放在课前谈话部分，此乃一高招也！此乃一创新也！

心理学实验证明，人的精神只有在兴奋状态之中，对所学的知识方能记得牢，掌握得好。学生在上课前的几分钟内，注意力并不是最为集中，课前谈话往往在最短时间里最快地调动起学生的兴趣和积极性，使学生尽快地进入学习状态。尤其是借班上课，教师在设计谈话时，可用谐音或某些词的联想意义，可用歇后语或对联，可用小笑话、小幽默、小游戏……

课前谈话是借班执教不可缺少的环节。在听课中我发现很多老师都把谈话点确定在活跃课堂气氛方面，较少关注课前谈话和教学内容的联系，从而把课前谈话与教学内容硬性地隔离开来，其实它们之间应该是一脉相承的。

最好的课前谈话是不露痕迹地由谈话引入新课学习中去，为学生的课堂学习做好知识、方法、情感等方面的准备，上课时教学达到最优化，因此，课前谈话是顺利完成教学任务的“催化剂”。这种谈话几乎分不清哪里是谈话，哪里是导入，真正做到“踏雪无痕”。

> 一教师执教三年级的《富饶的西沙群岛》。上课前，老师和学生进行聊天。“你喜欢到哪儿去玩？”学生兴致勃勃。然后教师也参与其中：“老师和很多同学一样，也喜欢到海边去玩。暑假里，老师去了一趟普陀山。说是山，其实是一座岛。”教师随手在黑板角落简笔画了海水和岛屿，并在旁边写了一个“岛”字。接着往下聊：“你们去过普陀山吗？”学生有往下接话茬的：“去过了，普陀山有许多寺庙。”老师说：“是的，普陀山有很多寺庙，但是最让我感兴趣的不是那里的寺庙，而是周围大大小小的岛屿。”接着，老师一边如数家珍地聊起普陀山旁边的朱家尖、桃花岛、岱山岛等等，一边在刚才画的海水中添上了几座小岛屿。老师又聊：“像这种大的叫岛，小的叫屿，大大小小的岛屿在一起呀，称做群岛。”说完，便在“岛”字的旁边加上“群”字。往下呢，就从我国的群岛谈到了“西沙群岛”。

我们平常的公开课，课前往往和学生无目的地聊几句，要么唱唱歌，要么背背古诗，都是为了等待时间，等待上课铃声响起，等待着可以正式开始上课。可是这位老师，她经过精心设计，从学生感兴趣的“喜欢去哪儿玩”聊起，看似随意，又是有意地向学生渗透“岛”、“屿”和“群岛”等概念，不着痕迹地把学生引进课堂中去，轻松而自然，真可谓“一举多得”！

苏霍姆林斯基曾经说过：把教育的意图隐藏起来，是教育艺术十分重要的因素。巧妙的课前谈话在不露痕迹中，引领孩子探索。让孩子在似有若无的境界中学习，让教学达到“踏雪无痕”的境地。

第斯多惠指出：“教学的艺术不在于传授本领，而在于激励、唤醒、鼓舞。”课前谈话的目的就是激励、唤醒、鼓舞。巧妙、生动的课前谈话不仅收到“转轴拨弦三两声，未成曲调先有情”的先声夺人的效果，也能达到“课未始，趣已生”的境界。让我们一起努力，巧妙设计课前谈话，让课堂教学更加妙趣横生，努力探索谈话技巧，让教育在课堂“润物无声”。

第十一节　清新灵动　乐为“聊”者

许多学生把课堂回答问题想得太难而顾虑重重——怕失言招致同学嘲笑，怕回答不当失去老师的信任，前怕狼后怕虎，久而久之积极性消失殆尽。英国教育家洛克指出：“你不可能在一个战栗的心理上面写上平正的文字，正同你不可能在一张震动的纸上写上文字一样。”这说明，要让学生感到安适、自由和和谐的人际关系。我经常和学生说，课堂上回答问题就和平时与同学聊天一样，“重在参与”。同时让学生学会在表述中思考，在思考中表述，要让自己的脑子像“电脑”一样根据接收到的不同信息做出不同反应。学生压力小了，参与的积极性高了。这样学生之间、师生之间会交流顺畅，聊得甚欢。在这样的课堂上，智慧因碰撞而熠熠生辉、美妙灿烂，课堂也因此而智慧流溢。

既然是聊天的课堂，在形式上师者就不能束缚学生，而要鼓励学生打破成规。“聊天”时，或坐着、或站着、或小组汇报、或记者采访、或小品演绎、或表演相声……这样大大激发学生的创新能力，学生找到自己舒心的表达方式，表达欲望也随之增加。记得一位老师执教《我最好的老师》时的情景。“作者为什么说怀特森先生是他‘最好的老师’？”小组汇报时很多学生采取一人一句汇报方式。其中一个同学别出心裁，以他为主持人用报告会答记者问的形式出现，让人耳目一新。“你们几位都是怀特森先生的得意门生，请你们分别谈谈为什么说怀特森先生是你‘最好的老师’？”这个组的孩子扮演不同领域的成功者侃侃而谈怀特森先生当年的经典言论对自己的影响。“每个人都应该具有独立思考和独立判断的能力，同时也应该具有怀疑的能力。”“不要迷信书本，也不要迷信权威。”这样经典而意味深长的言论逐步根植于学生的心中。在学习《难忘的启蒙》时，当其他小组借鉴了他们的汇报方式时，他们又让我们眼前一亮：学生用新闻记者的身份进行采访，赢得满堂喝彩。丰富的课堂聊天形式，让学生全身心投入，体味成功；丰富的课堂聊天形式，让课堂灵动而赋予生命；丰富的聊天形式，让学生富于创造。

“品一杯香茗，话尽人生酸甜苦辣；呷一口咖啡，道出无数感动共鸣。”这是我对理想课堂的追求。轻松愉快的课堂氛围能使学生心灵放飞，无拘无束，让学生思维纵横驰骋，穿越古今，让学生的表达收放自如，使学生智慧碰撞，灿若夏花。但这种“轻松愉悦”绝不等于松散，而是学生自由积极的配合，是教师自如的收放。课堂上，教师要及时捕捉，准确辨别，智慧调控课堂生成，使课堂资源转化为学习资源，以启迪心智的提问、精辟警策的点拨、风趣幽默的回应，让学生思维豁然开朗，让学生心灵被感染、被陶冶、被震撼。在教学《桃花心木》一课时，老师着重从作者与种树人的对话入手，分角色扮演作者与种树的大爷，用聊天的形式，通过与文本的对话，师生对话，生生对话，话尽种树人对树苗的良苦用心；触碰种树人的内心世界，感受种树人的种树哲学；走进种树人丰富的内心世界，与其人生哲学产生共鸣，汲取精神养料：“在不确定中生活的人，能比较经得起生活的考验，会锻炼出一颗独立自主的心。在不确定中，就能学会把很少的养分转化为巨大的能量，努力生长。”学生在轻松的聊天过程中，品味语言，触摸文字，升华情感，学会思辨，生成智慧。可见，“轻松”是打破千百年来禁锢学生思维枷锁的一记重锤。

我带的一个班级，通过全体老师的多次启发，学生的学习积极性明显提高，在学习上花的时间比前一学期多了很多。但经过一次检测，学生的考试成绩都没有多大长进，这时我估计学生思想会波动。为此，我专门利用一节课，用排比句式，间杂长短句，列举了古今中外伟人成功的故事，诸如诺贝尔发明炸药、爱迪生发明灯泡，他们没有一个不是经历无数次的失败、花费了巨大的心血才取得成功的。在举例中我多次设问（如："你觉得怎么样？""你的感想如何呢？"），并反问（如："难道……""何愁……"），以引起学生的注意和深思。另外，我还适时提高自己声音的响度，增加语言的力度，大大激发学生勤奋学习的热情和认识问题的深度、广度。针对学生的畏难情绪，我在谈话中常引用一些俗语、名言，诸如"苦不苦，想想长征二万五；累不累，想想雷锋董存瑞"，"吃得苦中苦，方为人上人"，"明知山有虎，偏向虎山行"，"学习犹如逆水行舟，不进则退"，"书山有路勤为径，学海无涯苦作舟"，"不经一番寒彻骨，哪得梅花扑鼻香"，等等，排山倒海般向学生道出，让学生从中悟出勤奋学习的道理。在与学生的集体谈话中，我力求把所谈的内容当做是一篇声情并茂的演讲稿，让他们觉得仿佛在听一首散文诗，仿佛在欣赏《高山流水》、《春江花月夜》，从中受到美的熏陶和感染，进而在他们心中激起阵阵涟漪，在头脑中打下深深的烙印，成为学习路上的催化剂和营养品。

"每个孩子，都是从天上掉下的天使。他们来到地上，是因为他们暂时折了翅膀。在他们还没有忘记天空的时候，一直想要寻找为他们缝补翅膀的人……而老师就是这个为天使缝补翅膀的人。""以人为本，尊重主体"是基础教育课程改革的核心理念，有个体差异的孩子是学习语文的主体，我们的课堂就是要源于学生、依靠学生、发展学生，每个学生都是我们应该尊重的生命主体，聊天式的语文正是对学生的成长与发展的尊重，让他们在与文本共舞后，通过聊天，交流体会，分享智慧，体味成功，升华感情，拓展学生的精神空间，构筑起精神的栖息地，帮助学生树立积极乐观的生命态度。

有一个学生，据我了解，是班里的小霸王，经常打人、旷课、偷东西、作业不做、在家里不听母亲的话，母亲拿他没办法，从不讲学习，但很讲义气。说实话，任何班主任都不希望有这样的学生，我也不想，但没办法，只能以"有缘"来自慰，尽力想办法改变他。起初我以为趁他不了解，拿三板斧吓住他，谁知他不怕，倒是让我下不了台。因此我改变策略，找他谈心，跟他讲世故人情，跟他讲《三国演义》、《水浒传》，跟他讲做人的道理，以朋友的身份跟他相处，从生活、学习等方面关心他。经过多次反复的谈心，他改变了不少陋习。有一次，听说他在打架，我抽一个星期天的下午，带上他和另外几个同学一起去爬山。在游山的途中，我们在一处幽静的地点坐下来，摆上水果边吃边聊，随即就聊到了打架的事。他如实地说了情况，并当着另外几个同学面发誓决不再打架。我想作为一个学生，他是一个有血有肉、有感情的人，只要我们把他们当做与自己平等的人对待，以朋友的身份与之谈心，一定会使他们深受感染，从而痛改前非。当然，这需要我们班主任有渊博的心理学知识，时刻洞察学生的心理。

有一次，我班上的一名男生与其他班的学生打架，并且逃学一天，我听了非常气愤。等他到校后，我当着全班同学的面狠狠训斥他一番，罚他扫地一周。在课堂上我发现他挨批后神思恍惚，表情呆滞。下课后，我让他到办公室来，和颜悦色地跟他拉起家常，让他尽情发表自己的看法。开始他拒绝与我合作，经过我再三劝导，他才吐露心声。听完后，我首先肯定了他做得对的地方，然后耐心细致、心平气和地给他讲了打架的危害、做人的准则等。最后他说了一句："如果不是你给我说这些，我明天就不来读书了。"由此可见，作为班主任，我们应该重视"批"后的"哄"，这样可以挽救一个孩子。

理想的语文"聊天"课堂是快乐的、智慧的。在这样的课堂上，师生们在平等互信的基础上传播着知识信息的同时也传播着情感信息，进行着心灵的交流，思想的碰撞。在这样的课堂上，教师心中有学生，把学生看成是有自控能力的行为主体和伙伴；学生心中有老师，把老师当成是可以信赖的导师和朋友，在沟通、合作、对话、互动、交流中，师生彼此敞开自己的精神世界，获得精神的交流和意义的分享。

第十二节 “唱”出来的语文

我们生活中听到很多熟悉的旋律时，随口就能跟着旋律哼唱出歌曲。没有刻意的背诵和精细的分析，可我们就是这么容易记住了歌词，被歌词描述的内容所打动。有时候，甚至因为喜欢一首歌，而特意去寻找歌词，寻找歌曲背后的故事。人类总是本能地和音乐产生共鸣，在“唱”中体验各种情感。我们语文老师可以利用这种独特的感受引导学生在“唱”中学习语文。

一些经典的歌曲能流传甚广，除了动听的旋律感染人，一定还有优秀的歌词打动人。好的歌词就是一首诗，它具有诗歌特有的魅力，在让人感到心旷神怡的同时，产生深深的共鸣。有的歌词意境优美，有的歌词讲究格律，这些都是我们学习语文的好素材。因此，小学语文教材中，收录了不少经典歌曲的歌词作为课文内容，如：二年级下册《快乐的节日》、《歌唱二小放牛郎》，三年级上册《让我们荡起双桨》，三年级下册《练习3》“处处留心”里的《在那桃花盛开的地方》，六年级下册《长江之歌》，等等。教学这些课文时，老师们总会不约而同地找到相应的歌曲，并适当地穿插在教学环节当中。

三年级下册《练习3》“处处留心”中出现了歌曲《在那桃花盛开的地方》的第二段歌词：

在那桃花盛开的地方，
有我们迷人的故乡。
桃园荡漾着孩子们的笑声，
桃花映红了姑娘的脸庞。
啊！故乡，
终生难忘的地方。
为了你的景色更加美好，
我愿驻守在风雪的边疆。

这首歌旋律动听，歌词所蕴含的意境十分优美。一位老师在教学时，巧妙地利用了歌曲资源，将其适当地穿插在教学环节当中：

一、歌曲导入，激发兴趣

1.播放歌曲《在那桃花盛开的地方》。

2.曾经听过这首歌的孩子交流听歌时的感受。

二、理解歌词

1. 出示歌词

(1)学生在小组内大声朗读歌词，相互纠正。

(2)指名读歌词，随机正音。

(3)齐读歌词。

2. 理解“荡漾”

(1)说说“荡漾”是什么意思？

(2)“荡漾”一般是形容水面一起一伏的样子。这是它的本义。

(3)读读诗，联系上下文想想诗里的“荡漾”是什么意义。

(4)交流。

(5)教师小结：“荡漾”在这里已不是它原来的意思，而是形容桃园里传来孩子们一阵阵的欢笑声。这是它的引申义。所以，在平时的学习中，我们要学会联系上下文理解词语的意思，这是一种很好的学习方法。

三、体会意境

(1)那桃花盛开的地方，是我的故乡，是我终生难忘的地方，从诗中找一找：“我”难忘什么？

(2)再读诗歌，“我”是在哪里抒发自己的情感？抒发的仅仅是思乡之情吗？

(3)小组交流读懂的内容。

(4)集体交流：

故乡美：桃花盛开、孩子乐、姑娘美……

战士心灵美：终生难忘、驻守边疆……

(:5)对这样一群可爱的边防战士,你想说些什么?

四、诵读歌词

(1)再读这首诗,最感动你的地方多读几遍。

(2)跟录音学唱《在那桃花盛开的地方》。

在这个教学环节中,老师首先用歌曲导入,让学生在动听的旋律中对这首歌产生兴趣,接着询问是否有同学听过这首歌,并且交流当时的感受。这样的处理,一下子拉近了学生和课文内容的距离,让学生潜在地感知到生活中处处都能学习语文,唱歌时也一样可以学习语文。在此基础上出示歌词,让学生豁然开朗,并带着浓厚的兴趣投入下面的学习当中。此时,理解歌词内容、体悟歌词情感,一切水到渠成。然而,这位老师并没有到此结束,最后诵读歌词的环节中又一次利用歌曲,加深了学生对意境的感悟,几遍跟唱下来,不少学生已经将歌词牢牢记住,甚至有人对第一段歌词也产生了强烈的兴趣,自发地学会了整首歌曲。

像这样边"唱"边学的方式还可以辐射到其他与音乐相关的课文当中。如《赶海》一文,开头和结尾出现了歌曲《大海啊,故乡》的歌词,就可以利用这首歌创造情境。在"唱"的时候,这些已经被内化的歌词就成为学生学习语文的知识原点,再用它去同化新的语文知识,同时形成语感,提高学习的效率。在教学中,这种"唱"成为学生激发兴趣、体悟情感、诵读课文的重要手段。

在我们的课本中,除了这些本身就是歌词的课文外,还有不少古诗词。这些诗词格律工整,往往也引得现代人为其配乐演唱。如果我们利用好这类资源,将理性的知识与感性的旋律巧妙地结合起来,同样可以帮助学生学好抽象的语文知识。全国著名特级教师窦桂梅女士在执教《清平乐·村居》时,就数次用音乐穿插点缀,产生了独特的效果。

片断一:

出示:《破阵子·为陈同甫赋壮词以寄之》(宋·辛弃疾)

师:"破阵子"是词牌名。词牌名表示一种节奏,一种情境。词的作者是谁?

生：（齐答）辛弃疾。

（师读《破阵子·为陈同甫赋壮词以寄之》。）

师：放音乐。（一段描绘古战场的音乐。）从音乐声中你听到了什么？谈谈你的感受。

生：我听到了战场上的声音。

生：我听到了金戈铁马。

师：是啊，气吞万里如虎的战场。下面我们再听一段音乐。放音乐。（一段舒缓的江南丝竹。）谈谈你们听后的感受。

生：舒缓的音乐。

生：动听的音乐。

师：可以是哪一首的词牌呢？

生：卜算子。

师：还可以是哪一首词牌？

生：清平乐。

（师板书：清平乐。）

生：（齐读）清平乐。

窦桂梅老师引用辛弃疾的另一首风格迥异的词与文中的词进行对比，又引用了两首不同曲风的音乐分别与词作搭配着欣赏。在这样的对比中，学生通过欣赏感性的音乐旋律，领悟了两种不同词作的风格。引入的词和音乐作为课堂上的课程资源，大大提高了学习的效率。不用繁琐的讲解，不用具体概念的阐述，学生早已明晰了“豪放派”和“婉约派”的不同，体会了同一位作者在两首不同风格的词中表现的两种不同的心境，为学生领会这首词的意境奠定了基础。

片断二：

师：引读《村居》。

指名读《村居》，相机指导朗读。

wēng ǎo　wò bāo　lián péng
翁媪　卧剥　莲蓬

师：为什么念bāo？

生：表示把东西的皮去掉时念bāo。

师："莲蓬"的"蓬"我们平时念轻声，这里为什么念péng？

（生沉默。）

师：同学们，这是诗词里合辙押韵的需要。你们看，"小、草、好、媪；东、笼、蓬"。

师：词一般分上阕和下阕两部分，朗读时，上、下阕之间要停顿，我们来喘一口气作为停顿。（指导朗读。）我们一起来读一读。

（师生齐读。）

师：古人诵诗时往往还会有动作。（模仿古人摇头状。）我们加进动作再来读一读。

（师生齐读。）

师：古人读诗时还会手舞足蹈，像这样有节奏地手舞足蹈。

（师生齐读。）

师：诗词是讲究平仄的。平声就是阴平和阳平，声音要拉长；仄声就是上声和去声，声音要短促。

（老师引读，用手势舞出节奏，指挥学生朗读。）

（师生齐读。）

前一个片断里，老师用音乐的旋律让学生感受到词的意境；而这个片断中，老师又用音乐的节奏让学生感悟词的平仄变化。学生兴趣盎然地随着老师的指导而诵读，渐渐读出韵味。我们的课堂中，如果能将音乐运用得如此神妙，将诗歌的节奏美、意境美和音乐的韵律美有机地结合，那么学生学习诗歌不会再感到无趣，教师教起来也不会再感到无力。

在课外的生活中，边"唱"边学语文的资源就更加丰富了。我们的生活里有众多的歌曲，歌词也包罗万象地折射着生活的各个方面。但要注意的是，一定要选择优秀的经典之作，作品水平要适合学生的欣赏层次，避免内容庸俗、语言不规范的作品。同时，我们还可以尝试着让学生根据歌词仿写改编，根据音乐填词创作，这样也可以激发起学生创作的兴趣。

语文的外延就是生活，只要我们处处留心，就能将生活中的点点滴滴融入语文的学习当中，让语文学习不再枯燥乏味，让孩子们在“唱”歌时也能从中学好语文。

第十三节　小演员的基本功

表演，是我们在低年级的阅读教学中经常使用的教学手段。低年级的学生总是特别爱表演，一旦进入了表演环节就开始兴奋起来，把自己当做是真正的小演员，全身心投入进去。这样学起语文自然是兴趣百倍的。但我们老师往往在表演环节中只关注热闹的气氛，却忽略了“小演员”们的“基本功”。

在现行的小学语文教材中，有许多人物形象鲜明、故事性强的课文。尤其是在低年级，这样的课文更多，老师们根据课文的特性和学生的特点，设计出适合低年级孩子的表演环节，希望能加深学生对课文内容的理解，活跃课堂气氛，在教学中寓教于乐。然而，表演时内容的把握、台词的表达、情感的抒发却容易从教学的“指缝”中溜走。我们在设计表演环节时要始终如一地让表演为语文服务，让学生在老师的引导下、在自己的体悟下，将文字内容化为鲜明的内心形象，再通过说话训练，使内心形象转化为更精确、精细的语言表达，这样才能真正提高学生的语文素养，夯实“小演员”们的“基本功”。

以下是两位老师对小学语文《九寨沟》一课的教学设计：

设计片段一：

三、品读感悟、想象创造。

1. 自然风光部分

现在我们就一起走进九寨沟的自然风景区，美美地欣赏，选一处自己最喜欢的风景，美美地读一读。（生读。）现在，你就是一个小导游，你最喜欢哪处风景？把你最喜欢的风景介绍给大家。（训练说话：“我最喜欢九寨沟的，你们看——”生再读。）（根据学生的交流,相机进行板书。)

A."一座座雪峰插入云霄,峰顶银光闪闪。"

说说你喜欢的理由。还有谁能读得更美?(读不好的,师评价:我只看到一座很矮的小山,谁能让我看到很多高耸入云的雪峰?读得好的,师表扬:我仿佛看到了许多高耸的雪峰,峰顶的白雪在阳光下银光闪烁。大家一起试试。)

B."大大小小的湖泊,像颗颗宝石镶嵌在彩带般的沟谷中。"

你觉得这个句子很美,那我这样改,不是更简洁了吗?(投影,句子比较。)哪个好?好在哪?(比喻句,把大小不同的湖泊比作颗颗宝石,把沟谷比作了彩带,写出了湖泊的美。)(这颗宝石太普通了,不够美。)谁能通过朗读,让我看到湖泊的美丽与神奇?读得真有味,老师仿佛也看到了那宝石一般美丽的湖泊。还有哪些地方也写出了湖泊的美?

C."每当天气晴朗时,蓝天、白云、雪峰、森林,都倒映在湖水中,构成了一幅幅五彩缤纷的图画,难怪人们把这些湖泊叫做五花海、五彩池。"

蓝天、白云、雪峰、森林倒影在湖水中,好美的景色。九寨沟的湖泊如此神奇,想不想亲眼看看?(播放湖泊课件。)我看到了,刚才有的同学睁大了眼,有的同学张大了嘴巴,都被这些美丽、神奇的湖泊陶醉了。来,把你刚才看到的美景,用书中的语言描述出来。(男女生赛读。)

多迷人的自然风光,一起把这美好的画面留在我们的脑海中吧。同学们,来,不看书,让我们一起用最美的语言为它配音。(填空。)

D."由此形成的一道道高低错落的瀑布,宛如白练腾空,银花四溅,蔚为壮观。"

谁来评价一下他的朗读?(你不但会欣赏他的优点,还能指出他的不足,听了你的赞赏,他以后一定会读得更好。)从他的朗读中,你能看到一幅怎样的画面?(我看到一道道瀑布像一条条白色的绸带腾空而下,激起白色的水花,非常壮观。这是一个比喻句。)你怎么知道?(把瀑布比作了白练。)你真会学习,会抓重点词来读懂课文。“宛如”是什么意思? 你能用“宛如”来说一句话吗?

设计片段二:

三、活动回顾,熟读成诵

(1)今天,大家和老师一起来到了九寨沟。老师想请大家当回小导游,来介绍九寨沟的风景,行吗? 请你用书上的语句来做讲解。

(师通过电脑视频依次展示雪峰插云、古木参天、平湖飞瀑的图,让学生进行游戏练习。)

(2)这么美的景色,这么美的句子,你们愿意记住它吗?

但是这一自然段比较长,背诵有一点难度,老师来帮帮大家。(出示填空。)大家可以看着屏幕上的填空来记忆背诵,看谁背得又快又好!

(3)学生自由练习背诵。

(4)老师想增加一些难度,去掉这个填空,你们能背好这一段吗?

(5)学生自由练习背诵。

四、课外延伸,显现学习成果(可以任意选择)

(1)为九寨沟写个广告语或导游词。

(2)搜集九寨沟的图片资料,自己还可以动手画一画九寨沟的美景。

巧合的是,两位老师在不同的教学环节里都设计了“小导游”这一身份,模拟旅游活动,让全班学生当旅游团成员,请一位同学当导游。这就要求学生必须先将课文内容内化,再通过自己的梳理,将内化的课文内容转变为自己设计的导游词。这样的课堂表演,不仅可以训练学生的表达能力,在内化课文语言的同时,根据表演的需要,创造性地组织语言,而且可以充分促进学生对交际言语的学习和运用。此外,小学教材中还有许多适合改编成课本剧的课文,可以鼓励学生将课文改编为剧本,再组织学生根据创作的剧本进行表演活动或者课本剧比赛。

可以说,表演是语言运用的一种升华,它能启发学生潜在的学习力,使他们全身心投入对课文的理解、对语言的运用中。表演,让课堂妙趣横生,也让学生在学习过程中收获了一份美妙的生命体验。

第十四节　玩转手机短信

一天下午,我收到一条手机短信:“老师您好!我是×××。我下午请假提前回家了,请问今天的语文作业是什么?”我回完短信后突然觉得,家长对孩子的教育很有心,让孩子自己编辑短信问老师作业,不露痕迹地锻炼了孩子的表达能力,值得我好好借鉴。原来手机短信也能成为教学资源,为语文教学服务。

新课标指出,语文课程资源包括课堂教学资源和课外学习资源,如教科书、教学挂图、工具书、其他图书、报刊、电影、电视、广播、网络,报告会、演讲会、辩论会、研讨会、戏剧表演,图书馆、博物馆、纪念馆、展览馆,布告栏、报廊、各种标牌广告,等等。自然风光、文物古迹、风俗民情,国内外的重要事件,学生的家庭生活以及日常生活话题等也都可以成为语文课程的资源。语文教师应高度重视课程资源的开发与利用,创造性地开展各类活动,增强学生在各种场合学语文、用语文的意识,多方面提高学生的语文能力。因此,我们语文老师可以将手机短信作为一种教学资源,让它成为生活中学生学习语文的途径之一。

有一位老师设计了这样一节关于手机短信的语文活动课:

手机短信欣赏与写作

【教学背景】

手机已经进入千家万户,手机短信作为新兴事物,以其方便快捷成为人们商务洽谈、感情交流、戏语调侃的首选,同时也涌现了无数脍炙人口的短信。它不仅是现在最时尚的通讯方式,还是学生进行语文学习的好材料。

【教学目标】

寻找生活之活水,激发学生兴趣之源泉,能运用形象的语言和多种形式来表述自己美好的祝愿。

【课前准备】

要求学生搜集内容健康、语言形象优美、韵律和谐的手机短信若干则,并简单说说它的优点。制作课件。

【教学过程】

一、引入主题

1. 谈话导入:同学们,今天,手机改变了人们的交往方式。随着手机的普及,手机短信已经形成了一种独特的新的文学现象——短信文学。并且在文学殿堂中占了一席之地。它脍炙人口、深入人心,发展迅速,不可阻挡。

2. 揭示主题:今天我们的语文活动课主题就是“手机短信欣赏与写作”。(点击出示课题,齐读。)

二、短信欣赏

1. 交流短信:想必同学们也曾经接触过不少短信吧? 在众多的短信中,哪一则曾经拨动你的心弦,或者引得你开怀大笑呢? 请和大家一起来交流一下吧!

2. 出示:

(1)愚人幽默型的:“公鸡母鸡孵小鸡,小鸡头脑有问题,不吃不喝不休息,公鸡母鸡观察小呆鸡,傻瓜小鸡没注意,正在低头看手机。”

师:这则短信看似漫不经心,实际上是在简单而有韵味的语言节奏中达到了调侃的目的。

(2)现代交际中的问候语:“春风洋溢你,家人关心你,爱情滋润你,财神系着你,朋友忠于你,我这儿祝福你,幸运之星永远照着你。”

师:这则短信由情景到人,既有类比,又有温情的祝福,还富有节奏感,非常不错。

(3)名言警句型的:"你愿意别人怎样待你,你也要怎样对待别人。"

师:这句话富有哲理,联系到我们应该怎样为人处世。

(4)新年祝福:"窗外的世界很喧嚣,听不到自己的心跳。拉上窗帘抛却烦恼,默默把手指轻敲,让新春的祝愿,穿过岁月的长河,去倾听你快乐的心跳。"

(学生可以出示自己准备的短信。)

(教师相机点评总结。)

3. 丰富多彩的短信为我们的生活增添了不少色彩。读到一条好的短信,那也是一种文学享受。上课之前,老师也搜集了几则短信,有的还是朋友发给我的祝福呢!优美短小的信息将我围绕在浓浓的情谊中。好东西,拿出来与大家共享。请大家边欣赏边思考一个问题:这些短信在内容和形式上有哪些特点?(课件出示,配音乐,师读。)

(1)"心愿是风,快乐是帆,祝福是船,心愿的风吹着快乐的帆,载着祝福的船,轻轻驶向你的港湾:圣诞快乐!"

(2)"送你一份100%纯奶糖。成分=真心+思念+快乐,有效期=一生,营养=温馨+幸福+感动,制造商=真心朋友。"

(3)"月圆家圆人圆事圆圆圆团团,国和家和人和事和和和美美。"

(4)"我问过烦恼了,它根本不爱你,还说永远不理你,让我转告你不要自作多情!还有,健康让我带封情书给你:她暗恋你好久了,并且一生不变!新年快乐!"

三、交流讨论,体会窍门

1. 自主讨论:欣赏完了这些优美的短信,该思考问题了。从写作文的角度看,这些短信在内容和形式上有哪些特点?下面请各小组(4~5人)讨论2分钟,组长记下自己小组所能想到的答案,看看哪个小组想得最多最好。(学生分组讨论。)

2. 交流小结。

3. 教师总结:大家说得非常好。好的短信其实也是一首优美的诗歌，好的短信一般有以下特点。我大致归纳了一下，与大家说的意思完全相同。

出示："短信高手之小窍门"：

(1)想象丰富多彩。

(2)修辞手法恰当。

(3)句式整齐押韵。

(4)巧改古诗、歌词。

(5)适当加点幽默。

四、情景模拟

1. 情景表演：手机短信的生命力来源于每个人的创意。一份自己编写的短信总能给对方以快乐。

你们认真观看以下情景。

(两个学生以小品形式模仿人们发短信。)

生1：唉，今天做什么事情都没心情，连喝口凉水都塞牙缝！嘀嘀——手机响了，看看是什么："甜蜜蜜，你笑得甜蜜蜜，好像花儿开在春风里，开在春风里。为什么你笑得这么甜蜜？因为我给你发了短信息。生日快乐！"哦，今天是我生日，我自己都忘记了。嗯，发回去谢谢他。

生2：嘀嘀——这家伙！看看写了什么："朋友，献上我的谢意，为了这么多年你都没有忘记我的生日，以及你对我的关心和情谊。Thank you！"

2. 交流：看了刚才的表演，你有什么体会？

五、快速写作

1. 提出要求：你看，一份短信，方便而又快捷，温馨而又甜蜜。你是不是也想把这份甜蜜送给你身边的人呢？圣诞节和元旦都快到了，赶紧拿起手中的笔，创作一条短信送出节日的祝福吧！先想想把祝福送给谁？可以是班里的好朋友，也可以是发给我或者在座的各位老师，给大家5分钟，每人写一则，想多写的也可以，5分钟后我们就把短信互相发送！

2. 交流：互相发送刚才写的短信，教师注意点评。

六、总结

小小的一条短信，浓浓的一片情意，心与心之间的距离被拉近了，人与人之间的温暖悄悄地传递着。

古有鸿雁传书，今有短信传情。其实在生活中还有很多可以供人们联系的工具，比如QQ、邮箱、电话等。今天写的短信你也可以通过这些工具把它们送给对方，让他们感受到你们的心意！

因为手机短信具备语文因素，所以我们在利用手机短信作为语文教学资源时要注意发挥其应用性和文学性：

其一，手机短信具有应用性。信息通讯的日益发展，使人们传递信息的主要方式从原来的写信变成了打电话，发电报变成了发短信。有了手机短信，电报、短小书信、通知、留言条、请假条就渐渐淡出历史舞台，因为手机短信具备以上诸多交流方式的实用功能，具有较强的时效性和操作性。我们的语文课本上虽然学习了留言条、请假条等短小应用文的书写规范，但往往并不能实际地运用到生活当中。例如某个孩子早上突然不舒服需要请假，不用写请假条由别人转交给老师，只要动动手指编辑一条手机短信发给老师就可以了，而老师也可以即时回复，十分方便快捷。应用文主要是为了传递信息，传统的应用文写作要求严格的格式和准确的语言，手机短信对于格式没有过多的要求，但语言的准确性和逻辑性依然需要顾及，尤其在面对不同的对象时还要注意使用得体的语气。

其二，手机短信具有文学性。节假日时常收到许多祝福短信，这些短信篇幅短小、语言精练，充分地运用各种修辞手法：比喻、拟人、排比、夸张等等，很多短信还讲究合辙押韵，内容也丰富多彩，有的幽默诙谐，有的情深意切，有的蕴含哲理……

我们将手机短信纳为语文课程的资源，在教会学生玩转手机短信的同时，还应教会学生合理取舍短信，取其精华、去其糟粕，真正使有益的手机短信成为学生学习语文的鲜活材料，成为学生学习语文的助力，提高学生的语言鉴赏和运用能力，增强学生时时处处学语文的意识。

第十五节 青山秀水识字乐

“要么旅行，要么读书，身体和灵魂，必须有一个在路上。”这是《罗马假日》里的一句台词，我很喜欢这句话。

旅行是丰富自己的阅历，看看古建筑、古街道，体验一下风土人情，亲近大自然；读书是要让自己的知识更加丰富，让自己的精神生活更加充实。

新课标指出：语文是实践性很强的课程。学习资源和实践机会无处不在，无时不有。因而，应该让学生更多地直接接触语文材料，在大量的语文实践中掌握、运用语文的规律。语文课程资源包括课堂教学资源和课外学习资源，如博物馆、纪念馆、展览馆，自然风光、文物古迹、风俗民情等。

现在都市工作节奏日渐加快，中小学生学习压力日渐增大。中医讲究“天人合一”，人与自然的和谐、统一，有利于身心健康。让我们背上行囊，抬起双脚，外出旅行游玩，漫游于自然界山水之间，陶醉于清新的空气、秀丽的山水，一同徜徉在大自然为我们构筑的山水城林融为一体的多彩画卷中。走一走，看一看，参观博物馆、纪念馆、展览馆，欣赏自然风光、文物古迹，了解风俗民情……让我们的小学生也在游山玩水中学习语文。

我曾给二年级的学生上过一节识字活动课《美丽的玄武湖》。

师：南京是我国著名的风景旅游城市，今天要带大家去看一看优美的南京风光。（生观看录像。）

师：你看到了哪些景点？

生：中山陵、夫子庙、栖霞山、玄武湖、莫愁湖。

师：你怎么认出来的？

生：看到了景区的名称。

师：今天我们就一起到享有“石城明珠”美誉的玄武湖公园去玩。

（生齐读课题“美丽的玄武湖”。）

师：玄武湖的“湖”你是怎么记住的？

生：三点水加上胡。

师：“胡”是一个姓氏，可用“古月胡”来记忆——你还知道哪些这样记的姓氏？

生：背姓氏儿歌。（什么张？弓长张。什么章，立早章。什么王？三横王。什么黄？草头黄。什么吴？口天吴。什么胡？古月胡。什么李？木子李。什么吕？双口吕。）

师：（板书）“胡”加上三点水是“湖”，还可以加上什么偏旁？（生字开花：湖、糊、葫、蝴、瑚、猢、鹕。师相机板书。）

师：进入玄武湖公园，你看到了什么？

生：湖水、游船、游客、假山、树木……

师：玄武湖公园可真大呀！湖上有五个洲。（出示“环洲、樱洲、菱洲、翠洲、梁洲”。）谁来读一读？

师：（板书“州”）它和“洲”有什么异同点？

生：读音相同，字的结构不同。

师：环洲、樱洲、菱洲、翠洲、梁洲都在什么地方？（湖中间。）所以“洲”与水有关，表示水中的陆地。你在哪儿看过“州”字？

生：苏州、扬州、杭州。

师：你发现了什么？

生：它们都是城市的名字。

师：看来我们可以通过组词来区分同音字的意思。

师：五个洲上都有好玩的景点，老师为大家准备了一份地图，小组合作认一认上面景点的名称。遇到不认识的字怎么办？

生：问同学，问老师，查字典。

师：提醒大家，我们看地图时，面对地图，上北下南左西右东。

（小组合作识字。）

这节课把旅游佳地“玄武湖”搬进了课堂，孩子们愉快地游玩，一边欣赏湖光山色，一边识字，在不知不觉中认识了汉字。在认识汉字的同时，学会识字的方法：看景点名称，认识汉字；规律识字，给汉字“湖”换一换偏旁，认识字根“胡”认识“糊、葫、蝴、瑚、猢、鹕”；背儿歌巩固学过的汉字；通过读音、字形和组词来区分同音字。当然还有这节课中没有体现出来的猜字谜识字、讲故事识字等。我们带着孩子走出课堂，走到自然山水中去学习语文，运用老师课堂上教的各种识字的方法，在青山秀水中识字，那一定会是乐趣无穷。

崔峦指出，学生识字提倡“两条腿走路”：一是课内，二是课外。教师在课内要经常采用多种形式的快乐识字方法，激发学生的识字乐趣。例如，我在课堂上讲《仓颉造字》的故事：上古时代，在文字发明之前，人们用结绳来记事。到黄帝时代，结绳记事的方法已经不能满足需要，于是仓颉开始创造各种符号来表示事物。渐渐地，这些符号的用法全推广开了，就这样形成了文字。同时告诉学生，“仓颉造字”的说法只是传说而已。因为文字绝对不是仓颉一个人所能独创的，而是最初起源于劳动，而且与生活有着密切联系。仓颉可能起了整理的作用。文是绘制象形，字是在文的基础上孳生，后来合称为“文字”。

我在黑板上画了个“”，学生猜出是“鸟”字；画了个“”字，学生有的猜是“牛”字，有的猜是“羊”字。我告诉他们这是“羊”字，牛角没有这么复杂。这一类汉字，就是找这些事物的特征以表现自己的意思，叫象形字，是物的生动形体，它就像一幅幅画卷，展现着古代中国人对于自然万物的认知。这一类汉字和身边的事物，和日常生活最接近，像牛、马、羊、虫、鸟、鱼、日、月、山、水、火等等都是属于象形字，只要你熟悉它们的样子，很容易就能认出它的字。后来人们发现像这样画太吃力了，我们的祖先又想办法，在象形字的基础上稍稍加工一下，就成了指事字，它通常用来表示抽象或局部的东西。

例如：“”这是象形字“刀”，然后又在刀口上加了个点，就成了“刃”字，表明最锋利的意思。写了个“木”字，让学生来添笔画，学生在上面加了一横，成了“末”字，在下面加了一横，成了“本”字……汉字里面还有一种特别有趣的造字方法。“伐、林、森、众、晶、采、囚……”可以根据字想到它的意思，学生思考后，很快就说出了它们的意思。这些都是属于会意字，就是把两个或三个字合在一起，把它们的意思合成了一个新字的意思，这种造字方法表达了古人丰富的想象力。后来人们又发明了一种简便好用的方法，它的出现，满足了汉字大量制造新字的要求。比如，左形右声：材、偏、铜、冻、证、骑、秧、破；右形左声：攻、颈、削、瓢、放、鹉、雌、故；上形下声：管、露、爸、芳、崖、宵、界、字；下形上声：架、案、慈、斧、贡、膏、凳、赏；外形内声：固、病、庭、阀、园、匾、裹、衷。这样，我们一字认半边，也不会错上天了。这主要是形声字的功劳。这样，在激发了学生识字的乐趣之后，让学生了解中国汉字的构字方法。我还鼓励学生用这些字组词、说句子、讲记忆方法等，锻炼他们的口语交际能力。学生有了这些识字的基础和方法后，老师再鼓励学生利用掌握的方法，利用身边的一切条件，多识字，学生自然乐于在课外继续识字。

学生课外识字相对课内识字形式更加丰富，学生能及时理解和运用汉字，汉字的掌握更加扎实。生活为学生提供了丰富的资源，让识字回归生活，让学生从身边的日常生活中去发现语文，随时随地主动识字，不知不觉，汉字就深深地印在脑海中，认识的字不再是一个个枯燥的符号，而是充满生命力的活生生的字，从而发现汉字的美。因此，在每学期的家长会上，寒暑假放假之前，我一般都会对学生及家长提出要求，鼓励孩子利用节假日外出旅游，提倡旅行游玩时见缝插针地多识字，了解当地的人文历史、风土人情以及土特产品，这也是提高学生识字兴趣与有效途径的一种方法。

大自然就是一本全面的百科全书，所有的地方，都有语文，所有的地方，都有文字。这些文字，可能是一座山，可能是一条河，可能是一棵树，也可能是一块石头……学习汉字的素材，随处可见。

从所在城市到达旅游目的地，我们可乘坐各种交通工具：飞机、高铁、轮船、汽车。如果我们在各大城市里游玩，乘坐地铁无疑是最便捷的交通出行方式，地铁站台上的站牌可识字。我尤其鼓励孩子在地铁上识字，因为在地铁的每一个门上都有地铁途经的每一站的站名，而且每到一站，这一站站名上面的绿灯就会亮起，广播里就会自动报站。孩子通过看、听，不由自主就把一些简单的地铁站台名称的汉字记住了，不仅记住了字音、字形，还记住一个个站名或地名。记得在北京旅游时，地铁的站名上有

“东直门、西直门、建国门、崇文门……”儿子对此很感兴趣：“妈妈，你看！和我们南京一样有许多城门。”然后自动报出南京的城门：中山门、中华门、武定门、汉中门、中央门、解放门、集庆门……“在门里加上一个字，可以变成另外一个字，试一试！”儿子想出了不少：人字进了门是闪，口字进了门是问、心字进了门是闷、木字进了门是闲、马字进了门是闯……

到景区公园、动物园或游乐园游玩的时候，可以从景区名称、景区介绍、指示牌、动植物简介、娱乐设施注意事项中，认识景区名称，认识许多动物、植物名称，认识许多汉字。例如一年级的孩子到森林公园游玩，看见一棵大树，可以对照大树，认识树苗、树木、树林、树根、树枝、树叶，认识千年古树，认识参天大树；还能用“树”组词：柳树、白杨树、松树、槐树、苹果树、梨树、桃树、枣树等等；区分树木、树林和森林的概念。在欣赏大自然的美景的同时，还认识各种植物的名称：杉树、青松、黄杨……草地上那一句句如诗一般的话语：“小草睡着了，请别吵醒它。”“我怕痛，别踩我！”“青青草儿亦生命，请君慎留脚下情。”让醉心于识字的孩子忍不住去读一读，看到那个“青”字，又忍不住进行复习或拓展：加上“三点水”是“清水”的“清”，加上“日字旁”是“晴朗”的“晴”，加上“言字旁”是“请求”的“请”，加上“竖心旁”是“事情”的“情”，加上“目字旁”是“眼睛”的“睛”，加上“虫字旁”是“蜻蜓”的“蜻”。这既使学生认识巩固了汉字，又能让学生从中学到了知识，陶冶了情操。

许多人到一个地方旅游，总喜欢把当地的土特产带回家，导游自然也喜欢把大家带到当地的超市去购物。热闹的超市里，琳琅满目的商品令人眼花缭乱，孩子在购物时，读一读自己喜欢的商品的名称、认一认食品包装袋上的文字。这些课外教材拓宽了识字渠道，使学生在没有心理负担的情况下轻松地认识和巩固生字，还增强了生活的能力。

课内识字向课外延伸，课外识字活动的可持续发展是我们追求的目标。日积月累，学生的识字能力就会快速提高，天长日久，学生认识的字的数量就会与日俱增。我经常告诉学生：我们中国的汉字很奇妙，一个汉字可以是一首诗、一幅画、一首儿歌、一个故事，要会用自己喜欢的方式识字。调动学生生活经验，运用旅游资源这一“识字课本”主动识字、生动识字。当识字教学以生活为后盾时，学习就会焕发出生命的活力。在旅游中享受识字的快乐，在识字中享受旅游的快乐，就是在享受生活的快乐。青山秀水识字乐，对于在识字教学中徘徊的老师和学生们来说是一个非常好的方法。

第十六节　“无字词典”魅力大

小学语文有一篇课文《学会查“无字词典”》，教给学生利用旅游资源学习语文的一种方法，全文如下：

暑假到了，爸爸带聪聪去青岛旅游。

聪聪背着旅行包，戴着太阳帽，一蹦一跳地走在马路上。

爸爸突然问聪聪：“你知道‘骄阳似火’是什么意思吗？”

“我知道，就是强烈的太阳像火那样热。”聪聪像背书似的说。

爸爸笑了笑说：“你这是背词典上的解释。你看，烈日当空，连树上的叶子都晒蔫了，这不就是对‘骄阳似火’最好的解释吗？”

聪聪和爸爸来到大海边，只见海面上滚滚的波涛不断涌来，撞击在岸边的岩石上，发出了山崩地裂的声音。

爸爸说：“我想起了‘惊涛拍岸’这个词语，你看眼前这情景像不像？”

“太像了！太像了！”聪聪高兴得嚷起来。

爸爸意味深长地对聪聪说：“看来要想真正理解一个词语的意思，不仅要会查‘有字的词典’，还要学会查身边的‘无字词典’哪！”

古人云“读万卷书，行万里路”，又说“纸上得来终觉浅”，所以，一个人除了要有书本上的知识，还需要接触社会和自然，一方面可以使书本上的知识得到检验，另一方面也能使抽象的知识变得具有直观性，从而在体验中加深对知识的理解。文中的爸爸在带领聪聪旅游过程中，并没有一味地沉浸在美好的山水中，而是通过巧妙的点拨和引导，让聪聪从对书本知识的死记硬背中走出来，到大自然中去学习、去领悟，从而认识到世界就是一本硕大的“无字词典”，在旅游途中学会查“无字词典”。在爸爸的引导下，聪聪对“骄阳似火”的认识就变得活生生的了，对“惊涛拍岸”这个词语的意境有了感性的认识。

这篇课文让我们明白了“无字词典”就是我们每天的生活：早读、早操、学习、活动……早晨，看到同学们出操，就好像看到“精神饱满”、“精神抖擞”、“整齐有力”、“步调一致”。打开窗户，我们头脑里又有了词语，是“空气清新”、“空气新鲜”、“神清气爽”、“心旷神怡”。“无字词典”是我们生活在其中的环境：自己经过努力考试考了一百分，脑海中出现的词语是“自豪”、“兴奋”、“激动”；过生日的时候，想到的词语是“热闹”、“宾客盈门”、“喜气洋洋”；上课的时候，教室里很安静，同学们都在认真地做作业，想到的词语是“聚精会神”、“鸦雀无声”、“全神贯注”、“一丝不苟”。看到老师讲课，眼前仿佛出现了“绘声绘色”、“滔滔不绝”。“无字词典”是我们所看到的一切：高山、河流、天空、大地、小草、花朵，是我们周围的一切事物——就是我们生活于其中的社会和自然。而要学会查“无字词典”，就要处处留心，认真体悟。

其实，一个词语，它代表着一种情感、一种信息，承载着一种文化。它源自生活，而又用于生活。如：人类的祖先在长期与自然搏斗的生存过程中，学会了“采集、狩猎、捕捞。”这既是一种生产劳动情景的体现，又是一种文化的传承。“采集”就是采收积累，“狩猎”就是围堵捕杀，“捕捞”是用渔网在河中围猎鱼类将其拉上岸。它为我们展示了祖先们劳动生产的画面，同时又将人类的文明历史文化的发展传递给了后世子孙。又如，生活中我们有不同的情感：当遇上好事，会让我们心里舒畅，便有了“喜悦”；摊上不顺意、无奈气恼的事，这就有了“愤怒”；经历痛苦和打击，自然感到“悲哀”；苦闷不能排解，终酿出“忧愁”……可见词语源于生活，反映生活。查“无字词典”就是观察大自然，参与生活实践，在自然中学习，在生活中体验，在实践中提高。

由此对于学生初学词语时，我们可以从具体的生活情景入手，引导学生去感知生活，用好生活这本“无字词典”，总结归纳，学习词语，积累词语，增长知识。

在教学《语文》第三册《识字1》“金秋烟波水乡/芦苇菱藕荷塘/夕阳归舟渔歌/枫叶灯火月光”后，可以鼓励学生利用双休日、国庆节到江南水乡中国第一水乡——江苏昆山周庄、梦里水乡古镇——浙江嘉兴西塘、东方威尼斯——江苏苏州同里、最具文化气息水乡——浙江嘉兴乌镇等十大水乡古镇旅游参观，走一走，看一看。一边欣赏水乡的美景，感受秋天到了，枫叶红得像火，田野里成熟的庄稼一片金黄。天那么蓝，水那样清，放眼望去，天连着水，水连着天，水天一色。水面上飘荡着一层雾气，水乡笼罩在朦胧的水气中，就像一幅动人的画。尝一尝荷塘水中生长的植物——菱角，生着吃又甜又脆，煮熟了吃又香又滑。了解“藕”是荷花的根，能做出许多美味的食品。夕阳西斜，晚霞染红了天空。天色已晚，渔民们收起渔网回家啦！此情此景让我们舍不得离去。可时间过得太快了，夜已深了，月光下的水乡更加迷人了。那天上的星星眨着眼睛，如水的月光洒在江面上，江边万家灯火闪烁，给江南宁静的夜添上了一抹迷人的光晕。一边在此基础上再次认识“水乡”、“烟波”、“归舟”等词语，通过自己的感受比较准确地进行解释，让它们带有鲜明的生活色彩，这为学生在识字和生活之间架起一座桥梁，让学生在轻松、愉悦的氛围中大大巩固识字效率。

到生活中去、到大自然中去，多和自然接触，多参加社会实践，投身于多彩的生活，读读“无字词典”，对于学生的成长，是十分重要的。联系生活实际来解释词语这种方法能让学生更真实地体验到词语的意思。

纵观古今中外，许多名人正是受益于生活这本“无字词典”的启迪，才慢慢走上成功之路的。

唐代著名诗人白居易有“人间四月芳菲尽，山寺桃花始盛开”的千古名句。这是他游历庐山大名寺后写下的佳句，它一举道出气温的升降在高度不同的情况下有早有晚的自然规律。这正是白居易能够好好利用生活实践这本“无字词典”的结果。

我们也可以教育学生向白居易学习。暑假里，鼓励学生和爸爸、妈妈一同外出旅行游玩，游玩的过程中就能和聪聪一样，学会查“无字词典”。早上，抬头看看天，蓝蓝的天淡淡的，几乎没有云，天很高很远，风轻轻地吹拂着,仔细观察后自然会想到“万里无云”、“天高云淡”。同时,它也在告诉我们今天是个大晴天。接近中午时,在七八月火辣辣的阳光下也能体验到“骄阳似火”的感觉。长时间在景区边走边玩,有时还会爬爬山,这时脸上就会出许多汗,豆大的汗珠从额头上、脸颊上滚落下来,渐渐地全身都出汗,衣服也被汗水浸湿了,这不就是对“满头大汗”、“汗流浃背”最好的解释吗?在爬山的过程中,有人觉得累了、乏了,坚持不下去了,便坐下休息,不再向上爬了。等待别人下山时,一同便下山了,这就是“半途而废”。坚持爬到山顶,来到树林里,这里的树又高又密,成片的枝叶连成一片,阳光一点都照不进来 ,到处都是凉荫,给人非常凉爽的感觉,这不就是“绿树成荫”、“枝繁叶茂”吗? 树上鸟儿在欢快地鸣叫,山坡上、花园里朵朵的花儿在竞相开放,散发着浓郁的香气,词语“鸟语花香”的意思豁然明朗。向下看,景区公园里有亭台、有小桥、有流水…… 这些景象可以用“亭台楼阁”、“小桥流水”来形容。远处,荷塘里那一簇簇竞相开放的荷花,那一阵阵芬芳的花香袭来,正是“千姿百态、五颜六色、五彩缤纷、清香满园”的景象。极目眺望,不远处的街道上,车辆来来往往,川流不息,这正是对“车水马龙”最好的解释。 马路两旁高高低低的楼房一排接着一排,让人想到了“鳞次栉比”这个词语。抬头远望,看见了连绵起伏的高山,让人想起了“十里青山半入城”的诗句。美景历历在目,自然舍不得离开,让人“流连忘返”。

外出旅游,参观博物馆、纪念馆、展览馆,欣赏自然风光、文物古迹,了解风俗民情,等等,很多都是通过导游的介绍而了解得很透彻。我喜欢听导游的讲解,每次旅游总是紧紧跟在导游身后,仔细聆听,时不时插嘴问上几句。到北京旅游,北京故宫博物院的讲解,把中国古代文明最精致、最灿烂的一面展现得淋漓尽致,器物之精美、景观之宏大、历史之沧桑,让人不由得从心里为之叹服。北京军事博物馆,自助讲解器让我们了解中国5 000年来主要的军事科技、兵器发展。到绍兴游玩,一边品绍兴老酒,一边听导游绍兴老酒、绍兴霉豆腐的典故,多么惬意。风景区优美的神话传说也是历史文化的产物,它像彩链把形象的自然景物与人世间的美好生活联系起来,使无生命的山石活化起来,给人们增添情趣和游思。例如雁荡山的“夫妻峰”故事,把周围二十多个形象逼真的形似人物、走兽的奇峰异石有机地联系起来，活灵活现地展现于游人面前，颇有奇趣。西安兵马俑的故事，人间仙境张家界、海南亚龙湾的传说，把我们带入如诗、如画、如梦的境界……

用自己的感觉、想象去理解文字背后的幽深文化，既让学生理解词义，又锻炼语言，更易于学生接受。

"无字词典"除了给我们带来文字背后的文化，还让我们更好地认识自然，认识世界。这首小诗就很好地体现了出来：

大自然的语言

金益

别以为人才说话，
大自然也有语言。
这语言到处都有，
睁开眼睛就能看见。

你看那天上的白云，
这就是大自然的语言：
白云飘得高高，
明天准是晴天。

你看那地上的蚂蚁，
这也是大自然的语言：
蚂蚁忙着搬家，
出门要带雨伞。

蝌蚪在水中游泳，
不就像黑色的"逗点"？
大自然在水面写着：
春天来到人间。

大雁在编队南飞，
不就像“省略号”一串？
大自然在蓝天上写着：
秋天就在眼前。

大树如果被砍倒，
你会把年轮发现——
一年只长一圈，
这是大自然的语言。

你如果钓到大鱼，
鱼鳞上也有圆圈——
一圈就是一岁，
这又是大自然的语言。

大自然把“三叶虫”化石，
嵌在喜马拉雅山脉。
这是在告诉人们：
那儿曾是汪洋一片。

大自然的语言啊，
真是妙不可言。
不爱学习的人看不懂，
只有勤于思考的人才能发现。

知识的海洋浩瀚无涯，书本上的知识虽然只是一部分，自然里的知识则无穷无尽。不能否定要查“有字的词典”这种最基础的学习方法，但绝不能厚此薄彼。学好课本知识的同时，我们还要学以致用，学用结合，争取学到更多的生活常识、自然知识。只有课内和课外、书本和生活相互印证，才能达到融会贯通的学习效果。

“生活即教育。”生活，是一本无字的书。只有你用心去体会、用心去感悟、用心去热爱，你才能慢慢地读懂它，真正地读透它。生活，又是一本无字的词典，诠释着生活中的人和事、山与水、动物与植物。只要你用心去寻找存在其中的哲理与美好的东西，你就会发现，原来世界真奇妙，原来世界是如此的精彩与美丽，原来生活中的美就在我们的身边，原来任何事物的存在发展都是存有一定规律和哲理的。我们可从中得到借鉴和启迪，以此来帮助我们更好地学习、工作和生活。

第十七节　江山如此多娇

读到过一篇文章里有这样一句话：“江山如此多娇，广阔的森林是她的秀发，清澈的湖水是她晶莹的眸子，雄壮的山峰是她坚硬的脊梁，源远流长的大川是她飘动的玉带。”祖国江山描写得多么形象生动啊！我们的祖国幅员辽阔，有高山，有平原，有湿地，有险滩，有策马扬鞭的塞北，有小桥流水的江南……你尽可以到处逛逛，自由呼吸着，边走边看边感受。短暂的旅行休整，可让自己更加努力地去学习、工作和生活。

祖国的山河是多姿多彩的，一山一水总有它的特色。没有特色的山水称不上名山秀水，登山涉水而捕捉不到她独有的风貌，那便是白白地花费了跋涉的足力。令人印象最深，牵引着你的游踪，激发你游兴的异彩，便是它的特色。头顶千年积雪的珠穆朗玛峰，广阔无垠的青青牧场，一望无际的华北平原，草树密密的西双版纳，锦绣繁华的东方之珠，和谐欢乐的蝴蝶谷，云雾缥缈的庐山，奇峭的黄山，气势磅礴的长江，一泻千里的黄河，清奇俊秀的桂林山水……各自显出特有的韵味、独具的神采。山水逶迤，纵横千里；风光旖旎，千姿万态。

大自然是迷人的。在高山之巅雄视喷薄而出的旭日，到大海之滨放眼起伏无垠的奔涛，去莽莽草原上欣赏袅袅的孤烟、驰骋的马群，伫立大江之畔倾听拍岸的浪声，遥望远去的帆影。这心胸便如海般宽阔、山似巨人昂扬。山水之情是如此令人眷念，使人不忘。人类的文明从大自然里开始，人类的心灵从大自然里得到滋养，人类的智慧在大自然里萌芽。

曾看过《南京晨报》上的一篇报道——《游山玩水中学语文》，全文如下：

> 中学语文课走出教室，把课堂搬到了风景区。上师大附中开设了一门独特的景观文化课，让学生在古城中沉醉一个星期，在景观文化里感悟、沉思。
>
> “我在中山陵爬着爬着就回到了历史。”一走进高一(2)班的教室，就听到学生们正在交流去南京上景观文化课的所见所思，学习如何进行审美体验。学生小胡表示在紫金山的索道上，感受到山里独有的气氛，一种大自然的宁静。授课的于祥老师问她会不会怕，她表示不往下看就不会感到恐惧。于老师说要感受恐惧，克服恐惧以后才会体验到一种崇高感，这也是一种审美体验。
>
> 据上师大附中科研室主任何美珑老师介绍，上师大的景观文化课是高一、高二年级必修的校本课程。学校选择南京、杭州、绍兴等具有教育意义的文化之乡，在外出考察之前由语文老师、政治老师、地理老师向学生讲解文化之乡的背景和典故及考察文章写作方法，学生们自己组成3至4人的小组选择一个课题，前往目的地进行为期一周的考察，回校后在班会、校会和语文课上专题交流、讨论。
>
> “这门课不但要让学生沉醉在景观中，更要让他们学会在文化中沉思。”上师大附中的副校长严一平在采访中表示，现在很多学校都把生存教育作为校外教学的主题，但是上师大附中坚持景观文化教育，把重点落在文化上，要让学生在“游山玩水”的同时挖掘更深层次的内容。

从这则新闻中，我们不难看出，旅游和学习是一个相辅相成的统一体。旅游中，我们有玩乐的心，也有学习知识的心，独立思考的能力也在不断提高。在旅游的过程中我们可以开阔眼界，吸收文化精华，实现“读万卷书，行万里路”的旅游目的。

我们也看到上师大附中的学生在外出之前由语文老师、政治老师、地理老师向学生讲解所游之地的文化背景和典故等，这无疑为学生提供了极佳的语文学习途径。

现代人强调生活质量，不仅仅满足于眼前的衣食住行，还注重选择旅行游玩，“十一”小长假，学生寒暑假，众多家长带着孩子外出旅游。有的选择周边游，有的选择国内游，还有的选择国外游。

我们的小学生非常可爱，当节假日要去某地旅游时，总会到老师身边嚷嚷：“老师，老师，我爸爸妈妈要带我去……旅游！”这时，我们可以先问问孩子事先有没有到过该城市或景点。如果以前去过，则和他聊一聊，请他给老师和同学们介绍自己在这座城市或景点的所见、所闻、所感。再说说自己这一次去旅游准备玩什么。或许孩子上一次旅游时没有太在意，所以说得不是那么生动、具体，但经过和老师、同学的交流，那么下一次一定会更加留心观察了。

如果孩子没有去过这座城市或景点，我们就要求他通过各种渠道了解旅游目的地的有关情况。一般来讲有两种途径：一是完全依靠自己通过阅读有关材料获取信息；二是向对该城市或景点有所了解的人请教。

学生买回地理、地图、旅游景点介绍、游记等书籍，或通过网络了解该城市或景点的情况，或决定在依靠自身的了解的同时，向对该城市或景点有所了解的人请教。经过努力，他对目的地有一定的了解。这也是学生自学语文的过程。当他真正走进旅游地时，由于前期的准备是有成效的，他对这座城市或景点有了更深入的了解。在旅游过程中会少走许多弯路，达到提高效率的目的。如若在旅游过程中发现有许多的事情与他事先了解的情况不完全相同，学生就会更加认真阅读相关城市景点的介绍，仔细倾听导游的介绍，同样能够知晓更多的景点知识、文化内涵。

“一生好入名山游”的李白，以“一斗百篇逸兴豪，到处山水皆故宅”的豪情逸趣，浪迹天下，为名山大川写下大量不朽佳作。李白的诗因得灵于名山大川，显得博大瑰奇；壮丽的河山亦因李白的诗而更加绚丽多彩。苏东坡一生屡遭贬谪，飘游四方，但他热爱祖国山水，见到名山大川就兴高歌咏。他深得长江之壮美，高歌“大江东去，浪淘尽，千古风流人物”。他钟爱西湖之秀丽，写下了“水光潋滟晴方好，山色空濛雨亦奇。欲把西湖比西子，淡妆浓抹总相宜”的绝世佳作。明末徐霞客经30多年旅行，以日记体写出《徐霞客游记》，再现大自然雨、雾、晴、晦的千变万化，山、水、树、岩的千姿百态。读了他的游记，我们仿佛随着徐霞客的足迹，跋涉奇峰峻岩、急流险滩，置身于祖国的秀丽山河之中，为之陶醉，为之骄傲，心中油然升起对祖国的无限深情。

大自然的连绵美丽和名胜古迹的文化韵致，随时能够唤醒我们的灵感，随时能够拓宽我们的襟怀，随时能够赋予我们创造与探索的勇气。而且，在旅行中，某一地方的山川景物、名胜古迹、风土人情、神话传说、地方特产、社会风尚等等，会给我们留下深刻的印象。我们遇到很多从前不曾遇到过的人与事，常常有意外的惊喜扑面而来。这些，我们都可以教学生用文字以游记的形式记录下来。

我们可以教学生寄情山水，歌颂自然。用轻快活泼的笔调，绘声绘色而有文采的语言，运用多种修辞手法，把大自然的特色景观写得栩栩如生，使读者身临其境。

我们可以教学生走进文化，探寻历史。“以史为鉴，可以知兴替。”浩瀚而宝贵的历史知识，既是人类昨天记录的总结，又是人类把握今天、创造明天的向导。我们应当重视历史文化知识的学习，提高自身的文化素养。

我们可以教学生运用传说，再现奇观。神话传说的穿插，可使我们写出的文章增加知识性和可读性；再现奇景奇观，可调动读者的阅读兴趣。

我们可以教学生关注生活，展示民俗。民风民俗，是民众社会生活中存在的活生生的文化，包含着久远的民族个性。我们在接受现代化生活的同时有必要传承、保留和弘扬那些有价值的传统民俗。

我们可以教学生寓情于景，阐释哲理。描绘风景，应该寓情于景，创造出情景交融、令人遐想的意境来。可借物喻人或借助于描写奇特的自然景观阐明某一带普遍意义的哲理。

学生写游记，除了教给孩子内容上的选择，还可以教孩子以游览为线索，由先而后依次记述游览过程中所见到的景物，这样，读者才会对游览的地方有一个清晰的、全面的印象。大自然的景物各不相同，都有自身的特点，我们要认真回味游览时的所见所感，选取自己印象最深刻的或最有特色的景物，做具体地描写，并对重点部分进行生动细致地刻画，运用联想,采用比喻、拟人等方法,将景物的特点写出来,使景物形象逼真,让读者宛如亲眼所见一般。面对繁多而又千姿百态的景点,美丽而又令人回味的山水,写什么好呢?这都必须根据文章的中心确定主次详略,把最具代表性的、最使自己激动、最令自己难忘的景物,当做主要内容,进行详细描述,如景物怎样美、怎样奇,游人怎样感叹,展开怎样的想象等,次要景物可略写或不写,这样重点就突出,游记也就生动了。在描写景物的过程中,要把自己的思想感情融进文章的字里行间,做到既有所见所闻,又有所思所感,这样可以丰富文章内涵,深化作文主题,使文章更具感染力。

对于更多的人来说,旅游是一种打发时光的方式,或者说是一种休闲享乐。如果能把旅游当做接近自然与亲近文化的行为,那就是一种相当不错的境界了。不管怎么样,旅游对于我们许多人来说的确是一件美好的事情。只要出门旅游,总会有收获的。

大自然中蕴含着丰富的宝藏,处处存在着语文知识。只要我们多留心观察和感悟,就能使我们生活中的语文闪光,增添一份生活的惬意与色彩。祖国的语言又是那么神奇!它的每一个词、每一个字,哪怕是简单的一句话,也能让我们联想到一幅幅美丽的图画,联想到一望无际的山川、森林、村舍、田野、池塘和湖泊。

我国的名山大川,有着数千年古老文明的历史,无不注入炎黄子孙对大自然的情感和精神,凝结成丰富多彩的山水文化,具有独特的文化内涵和景观风貌。仁者见仁,智者见智。只有那实实在在的景,实实在在的经历,才能让人感受到那深深的魅力。

读万卷书不如行万里路!学生行了万里路,放松了身心,开阔了眼界,洗涤了心境,走遍大江南北,领略山河风光,见识各地的奇人异事,了解各地的风俗习惯,识得了更多的字,学会了查"无字词典",感受到祖国江山如此多娇,亲近大自然丰富自己的阅历,在景观文化里感悟、沉思,让自己的精神生活更加丰盈。

第十八节　网络,让语文学习"炫"起来

《九寨沟》是小学语文的一篇课文。课文以优美的笔触描写了九寨沟

美丽、神奇的自然风光和那里的珍禽异兽，赞叹九寨沟是一个充满诗情画意的人间仙境，给人留下鲜明深刻的印象，读后令人有一种实地游览的酣畅。

江苏省小学语文特级教师周婷老师执教该课时充分利用网络资源，进行合作学习、拓展性学习，让学生体会自主学习的快乐，在领略九寨沟神奇景色中渗透对祖国山河的热爱之情。

如教学课文第三自然段：

(1)点击进入网页中"景点欣赏"：与课文第三自然段内容相匹配的九寨沟优美风光录像。

(2)出示合作学习要求：读读、想想、议议。①你最喜欢九寨沟哪儿的美景，它美在哪儿，奇在哪儿？②作者是怎样描写这一处景物的？③怎么读才能表达这一处景物的美丽和神奇？

(3)学生分组学习，组内交流，其他同学仔细听，可以及时补充、纠正，提出自己的不同意见。

【评点：利用网络，直观地展现九寨沟中具有代表性的景物及特点，为下文的学习做了一个感性的铺垫。打破惯有的学习方式，不刻意追求内容的系统与完整，利用网络积极创设了一种充分思考与交流的情景。教师根据学生不同的学习需求，引导他们以小组为单位进行研究，营造了一种自主开放的学习氛围。】

(4)共同交流，各组把自己重点选择的这一部分内容向其他组汇报。(随机定格相应的景点图片，出示句子，圈画关键的词语。)

【评点：通过引导学生有选择地对关键字、词加以品味，培养语感，体会内涵。学生在浏览精美的图片的同时感悟课文的文字美、情感美，获得美的享受和心灵的愉悦。】

(5)指导学生朗读，引导其他组同学评价。指名读，互评，齐读。

【评点：朗读评价要求明确、感性，同时在朗读评价中不强化

其他组同学对该段文字的感受。】

(6)拓展学习:九寨沟的美景远远不止我们看到的这些,你们还想欣赏九寨沟的美景吗?

(7)学生尽情地遨游网站,搜索九寨沟的美景,并交流分享。

(8)点击网页中"四季九寨",小结:这里有万紫千红的春天,有绿树成荫的夏日,有五彩斑斓的金秋,有白雪皑皑的隆冬。九寨沟真是一个充满诗情画意的人间仙境啊!

【评点:突出课内外知识联系,激发了学生的学习兴趣,培育了学生的探索能力,促进了课内外知识的贯通。大量资料的接触,既填补了课外知识的空白,又培养了学生搜集和处理信息的能力。】

这是网络环境下语文教学的真实案例,使我们体验到网络环境下的语文教学是一种快乐的创造,是引导学生欣赏美、发现美、创造美、获得美的享受的过程。学生在美中畅游、陶醉,思维活跃,情绪高涨,师生、生生之间展开平等、和谐的对话,网络推动了整个阅读过程的前行。下面来谈谈自己的感受。

一、网络为语文学习提供丰富的资源

因特网拥有目前世界上最丰富的信息资源,利用互联网信息丰富、资源多样、传播快捷等优点,可以便捷地拓宽阅读教学的渠道,采集广泛的知识,扩大学生的阅读面、知识面。

教学中除了可以利用现成网站,还可以精心设计主题网站。教者根据教学目标,将丰富多样的信息先进行梳理,学生学习时能紧扣主题,集中阅读。如教《九寨沟》一课,设计了"走进九寨"、"景点欣赏"、"动物猎奇"、"四季九寨"等独立的版块,为学生的实践操作带来了快捷和方便。学生可以在知识的海洋里尽情地遨游,在信息的沃土上自由耕耘。

再如,《九寨沟》一文中提到的瀑布是由于湖泊之间的落差形成的,高低错落,文中用"宛如白练腾空,银花四溅,蔚为壮观"来描述瀑布的磅礴气势。我们这里的大多数学生从未见过瀑布,难以体会九寨沟瀑布壮丽之美，对其独特之处更是难以想象。教者通过创建主题学习网站，展现大大小小的瀑布群，配以隆隆的水声，形成开放的课程资源，瀑布的壮美将学生震撼，使学生真切地感受到瀑布的气势，有效帮助学生再造想象，整体地进行思考和感悟，提高了课堂教学效果。

专题学习网站的建立，要具有拓展性、开放性和交互性。拓展性主要体现于对课本内容的自然延伸和专题知识的全面覆盖；开放性主要体现在为学生自主学习提供广阔余地和选择空间；交互性主要体现在教师和学生、学生和学生之间点对点、点对面的通讯，体现于即时的信息反馈和有效的网络对话。教师在设计时要注重资源与主题的“关联度”。在对资源建设的过程中，注重与专题相关学科知识的“整合”。沟通语文学科与音乐、美术等学科的联系，把语文学习中的读与唱、画、演等机结合，让语文课堂“动”起来。通过提供有声音的文字、音乐、图像等有机的感性阅读材料，通过声情并茂的朗诵、优美和谐的音乐、生动活泼的图像，把学生带到美妙的艺术境界中去。而这种文字与声像结合的阅读的过程就是学生增长知识、丰富语言、感悟社会、感悟人生、感悟自然的过程。

二、网络让语文学习趣味盎然

“兴趣是最好的老师”，学生只有对学习有兴趣，才能主动参与学习，积极思考。网络可以提供这种生动、形象、直观、感染力强的教学信息，来唤起学生的好奇心和求知欲，进而使学生对所学内容产生兴趣。网上的音频和视频点播，可以有效调动学生的听觉和视觉器官，形成生动活泼的教学氛围，让“听”和“看”成为“起始阅读”，使学生有身临其境之感。如《九寨沟》一文，作者运用诗一般的语言描绘了九寨沟的美丽与神奇，没有到过九寨沟的人一般都难以领略它极富特色的自然风貌，无法与作者描摹的语言文字产生共鸣。上课伊始，教者通过激情导语引入后，让学生搜索旅游网站，初步感受九寨沟是一个“人间仙境”、“童话世界”。同时用优美的语言配合画面进行讲解，拨动学生的心弦。学生对课文内容的学习产生了浓厚的兴趣，为进一步领会课文内容做了铺垫。

网络环境不仅为学生提供了一个宽广的学习平台，而且为学生创设了新的学习活动。学生可以广泛浏览知识信息，可以进行在线交流，可以展示学习成果，以自己独特的创意，用各种不同的形式，交流学习结果。这些学习活动是传统教学环境中无法实现的，因而也是对学生充满吸引力的。比如，让学生随着音乐自主欣赏九寨沟美丽的自然风光，让学生扮演小导游，介绍印象最深的自然风光，让学生从不同角度欣赏九寨沟的美，畅所欲言。这不但提高了课堂的情趣性，也使学生的口语表达能力得到锻炼，从而学生的思维能力、想象能力和创造能力得到进一步发展，同时激发学生热爱大自然、保护大自然的意识。

三、网络拓展了学生自主学习的时空

新课标指出，构建灵活开放的语文教学体系，沟通课堂内外、学校内外。网络进入语文课堂，能将多姿多彩的生活情景带入课堂里，能将信息资源跨越时空，引入时代活水，使学生的学习内容具有时代气息，贴近生活。利用网络收集信息，查阅资料，可以拓宽语文学习的渠道，拓展学生自主学习的时空。

如教学《九寨沟》第三自然段，让学生先点击进入网页“景点欣赏”，欣赏九寨沟优美的自然风光，再出示合作学习要求：读读、想想、议议——你最喜欢九寨沟哪儿的美景，它美在哪儿，奇在哪儿？学生分组学习，组内交流，最后共同交流，各组把自己重点选择的内容向其他组汇报。随机定格相应的景点图片，出示句子，圈画关键的词语。这里利用多媒体积极创设了一种充分思考与交流的情景，教师根据学生不同的学习需求，引导他们以小组为单位进行研究，营造了一种自主开放的学习氛围。在这样开放、交互式的网络学习环境中，学生主体性得到充分的表现和发展，每一名学生都能得到对生命应有的尊重，学生可以按照自己的学习基础、学习兴趣来选择学习内容、方法、策略和发展目标，从而真正鼓励他们自主学习、自我获取信息，激发了他们学习的动机和愿望，让他们体验到自己的潜在才能，体验到自主学习的快乐和成就感。

网络与阅读教学进行整合，确实比传统阅读教学有一定优势，但同时，我们也必须清醒地意识到，在网络环境下进行语文教学有一定的局限性。首先，因为教学过程不仅是学生学习知识、发展能力的过程，而且也是情感交流和学生人格形成的过程，而网络教学主要是人机交流，网络隔

开了师生直接的有声有色的情感交流,让教师远离了学生,教师言传身教的人格力量被削弱了。其次,网络教学使真实的教学环境相对变小,学生将由丰富多彩的现实学习方式蜕变为单调的理性探求,紧张的信息加工将冲击沸腾的感性实践。特别就语文教学而言,网络教学容易影响学生语言表达能力和汉字的书写。再者,网上阅读学习需要有明确的学习目标,较好的学习技能、较强的自我约束力,而这些正是小学生所缺乏的。因此,教师应以辨证的态度来看待网络教学,努力使网络和语文教学有机地统一起来,从而促进学生的学习。

总之,随着信息技术的发展日新月异,语文学习将面临更加广阔的发展空间。在这样浩瀚的网络世界里,我们要充分发挥网络的优势,让学生享受学习的乐趣,爱学乐学,学有所成,学有所用。

网络,让语文学习"炫"起来!

语文学习会因网络而精彩!

第十九节　班级里的"流行风"

我们班经常会刮一些"流行风"。有的"风"来去只要几天,有的"风"却愈刮愈烈,还有的"风"会反复登陆几次呢!

这学期首先粉墨登场的是溜溜球。那两个圆盘里面夹着一根线的家伙能给我们带来无限的快乐。每当悦耳的下课铃声响起,同学们就会一股脑儿往外冲,教室门口"交通堵塞",非得让"交警"(老师)亲自指挥才可畅通——只见全班同学人手一个溜溜球,有的在走廊上有节奏地一提一放,溜溜球也就听话地一上一下跳动着;有的手里握着溜溜球,抓准时机猛地一甩,溜溜球便会在绳子吊着的情况下快速转动形成"睡眠",如果这时轻轻一提,溜溜球便会乖乖地上来;还有那技高一筹的,在"睡眠"的基础上,手臂抡几个圈以后,就好像在施展魔法,形成了"大风车"……各种玩法精彩纷呈,令人眼花缭乱。玩溜溜球掀起了热潮。

不久,又有一股流行风向我们班吹来,不知谁先带头买校外那些编织的东西,紧接着,大部分女同学都像着了魔似的,去买那些编织的东西(也不嫌钱花得心疼)。课外,时时刻刻都在编那些东西,无论是教室里,还是走廊里都能看见女同胞们“奋战”的情景。一件件漂亮的“鞋子”、“十字架”、“爱心”、“龙虾”等编织品,惹得那些男生也情不自禁前来观赏。

后来,我班又刮过“编织手链风”、“象棋风”、“卡片风”……真是“一波未停,一波又起”啊!

这是一篇反映校园生活的作文,小作者用幽默风趣的语言描述了班级流行的课余活动,形象地勾画出几个鲜活的画面:“溜溜球风”展现了男生们的生龙活虎;“编织风”展现了女生们的心灵手巧;还有“象棋风”、“卡片风”等等。这些“流行风”展现了校园多姿多彩的生活。文章条理清楚,过渡自然,充满了生活的情趣。

班级里的“流行风”,每个班都刮过,如:一段时间兴起“篮球热”,一段时间又刮起“卡片风”,一段时间冒出“溜溜球热”……这样的“班级流行风”不仅充实了学生的课余生活,给同学们带来了快乐,还开发了学生的智力,增强了团结合作的意识,培养了学生的创新能力。

班级里的“流行风”,也是老师们训练学生写作的好素材。学生在校园内外开展一些生动活泼、健康向上的游戏活动,由于亲身经历、体验,沉醉其中,往往能写出最为真实、充满童趣的作品来。作为教师,要善于引导学生捕捉生活中的人和事,拓宽生活的视野,指导学生要按一定的顺序清楚、具体地记叙下来。同时,还要突出活动的趣味性,写出自己真实的感受。

下面我就由“班级里的‘流行风’”所引出的话题与大家谈一谈小学生习作指导。

一、关注生活,积累丰富、鲜活的写作素材

生活是写作的源泉,涓涓细流离不开源头活水,成功的作文离不开生活积累。

我们要关注生活，用自己的慧眼去发现生活中的真、善、美与假、丑、恶，用自己的真心去体会生活中的真情，将个性鲜明的人物、新鲜感人的事情、新奇别致的物品等等这些丰富、鲜活的写作素材储存在我们的"记忆仓库"里，写文章的时候就可以"一呼即出"。如写《班级里的"流行风"》这样充满校园生活气息、紧贴生活实际的作文，我们就要引导学生贴近生活留心观察：班级里最近流行什么活动，大家是怎么玩的？典型人物的动作、神情是怎样的？从哪里可以看出这个活动很流行？这些都要交代清楚、具体描述。还可搜集一些再现活动场景的图片和一些新鲜有趣的故事，用鲜活的语言来表达他们的快乐生活，使他们在作文实践中得到心灵的熏陶，尝到用我眼看世界、用我手写我心的甜头和乐趣。

二、精心选材，选择属于自己的独特的题材

选材，是写作过程很重要的环节，是写好文章的"物质"保证。我们根据写作主题的需要，要对自己掌握的素材进行分析、比较，再决定取舍，从众多的素材中选择属于自己的独特的题材。如一位学生写《班级里的"流行风"——溜溜球热》的片段：

> 瞧！几个男生一个个精神抖擞，摩拳擦掌，展开了一场激烈的比赛。"开始！"随着振奋人心的声音响起，小巧的溜溜球在空中挥舞，参赛者紧张地只听见了呼吸声。突然，一个溜溜球悬挂在半空，像钟一样来回摆动，其他参赛者们欢呼雀跃，高兴自己少了一个竞争者。这时，他——那个失败的参赛者叹了口气，在旁边一边想自己的错误，一边懊恼地抓着头发，痛恨自己粗心大意。这时，另一个参赛者走了出来，自信地说："我来挑战！"说着，以迅雷不及掩耳之势抛出了溜溜球，球在他手中像一只灵活的鸟儿忽上忽下，忽左忽右，又迅速地回到了主人的手里。围观者惊呆了。过了一会儿，才响起了暴风雨一般的掌声，他摆出了"V"字型手势，接受了大家的赞许。

这位学生写得就与众不同.他善于从众多的素材中选择属于自己的

独特题材，将班级里流行的“溜溜球热”写得活灵活现，生动逼真。

再如指导写关于“母爱”的习作时，能体现母爱的事例实在是太多了，为避免习作落入俗套、千篇一律，我要求学生尽量不要写“妈妈雨中为我送伞”、“我生病了，妈妈细心照顾我”之类的事例，可以从细微处入手，从纷繁芜杂的材料中选择最能够体现母爱的一两件事。例如，有位学生写道：“妈妈的爱是无言的关怀。记得有一天早上，窗外下着小雨，我匆匆吃完早饭，背起书包准备换鞋上学，妈妈在一旁站着，似乎想帮我做点什么。她把我的那把小伞撑开，看是不是好使，接着又合上，合到恰当的位置，保证我出门一按就能打开。妈妈做完这些，我的鞋带还是没系完，她索性蹲下来，帮助我系好了没系完的鞋带。妈妈有些胖，看得出她蹲得很吃力。我匆匆下了楼，走到小区的拐角处，回头一看，妈妈正在阳台上向我这里张望。我能感觉，那眼神将一个字悄悄地写进了我的心里。”像这位小作者选取生活中妈妈关爱自己的事例，细小而又真实，平凡而又独特，这样就不容易作文“撞车”、选材雷同。

三、巧妙构思，设置曲折生动的故事情节

我们看电影，如果故事老套，看了个开头就知道了结局，你就会觉得索然无味。写文章也是如此，尤其是写童话、寓言、记事类的作文。“文似看山喜不平”，写作文应避免千人一面、平铺直叙，我们习作时可设置充满悬念、出人意料、波澜起伏的故事情节，看似“山重水复”，忽而“柳暗花明”。这样的文章才会令人耳目一新，读起来耐人寻味。

一位学生写《考第一让我真高兴》，先写发卷子前的紧张，再写自己不相信得到这样的高分，又写听老师报错了第一名而自己心里的焦急，最后写确认自己是第一名时难以名状的兴奋。这样巧妙的构思，使叙事过程一波三折、引人入胜。再如一位学生编创童话体作文《孙悟空来到“鸟巢”》，能独辟蹊径、大胆想象，写了孙悟空惊叹“鸟巢”的宏伟壮观，想变成人混进去，结果被安全系统识破。被邀请观看奥运会比赛却又变成运动员参加比赛，闹出了一系列的笑话……这样的童话构思奇特，情节跌宕起伏，读起来令人捧腹。

四、个性表达，展现儿童特有的率真、童趣

童心、童真、童趣是儿童独有的。小学生作文积极倡导个性化的表达，鼓励率直而为，说自己想说的话，写自己想写的内容，最忌说假话、空话、套话、成人话。

习作指导时，启发学生要用富有个性的儿童化语言，把纯洁无瑕的童心、纯朴直率的童真、天真烂漫的童趣展现出来。

请欣赏一位学生《班级里的"流行风"》的一段充满童真、童趣的语言：

> 也不知什么时候，溜溜球"光荣退休"，橡皮筋开始流行起来。女同学们一下课便会叽叽喳喳往外跑，男同学也会紧跟其后，可男同学不会跳，只能当"柱子"，牺牲自己的光辉形象。我们女同学灵巧地在橡皮上下左右跳着蹦着，嘻嘻哈哈，别提有多高兴了！大家一个个身轻如燕，简单的一根皮筋在我们的脚下成了最好的玩具。

再如《小猫皮皮》一文中写道：

> 我给小猫皮皮穿"猫衣"，先给它试穿了一件粉色的印有蝴蝶图案的衣服，试了一下，差点没把商家的衣服撑破。"皮皮呀皮皮，你可真要减肥了。"我心里暗暗在想，没办法，只好又要了件大号的衣服给它穿。嗬，正合适！皮皮可臭美了，它一边配合着照相，一边还翘起了它那高贵的尾巴。

这个片段描写不仅把小猫穿衣的样子写得栩栩如生，而且童趣盎然，读完后我们不得不惊叹小作者富有个性、富有情趣的儿童化语言。

跟着流行走，快乐无极限。

让我们踏着班级的流行节拍，加入这一阵阵"流行风"当中。

让我们的学生拿起手中的笔，记下这一段段惬意的时光，留下这一份美好的回忆吧！

第二十节 重拾孩子的兴趣点

识字是学习文化的开始,"为学必先识字"。我们的孩子在上幼儿园的时候就已经学会了很多汉字,但每个孩子的识字量是不一样的,识字量大的孩子已经认识了近千个,而识字量小的孩子只有两三百字。在我们做的新生识字量的前测中发现:新生平均识字量约为603个,远远超过一年级孩子课本中所要求的数字。我们原本想通过调查提高孩子的识字量,基于孩子现有的情况,我们调整了方案,把增加识字量的目标改为重拾孩子识字的兴趣点,了解汉字的含义,体会它背后的文化与情感。

为此,我们小学一年级组开展了"超越识字的识字"这项语文识字活动的研究。我们认为识字不仅仅只是停留在认识字这个符号的层面上,更应该是中华文化的一种承载。我们在研究中不仅想让孩子多识字,更想让孩子感受汉字的文化魅力,激发学生对祖国文字的热爱。所以,识字除了读音、辨形、知义外,还要会书写,会应用。为此,我们一年级组有针对性地展开了以下活动:

1. 汉字中的故事

汉字承载着中华文明源远流长的历史,很多汉字都有古老动人的故事。每周三早晨会上我们都会对学生讲述汉字中的故事,让学生了解汉字构成的缘由,通过一个个有趣的故事让学生了解汉字的起源,提高学生学习汉字的兴趣。如:"拜"的左边像一只手,"拜"就像是两只手交握在一起,右边第一笔横就是人的头顶,双手交握在一起,举过头顶,这就叫做"拜","拜大年的拜"。

2. 生活中的汉字

过去,人们一提到"识字",往往就想到卡片识字、看图识字或者从课文中识字;一提到"阅读",往往就想到只有打开文本,那才叫"阅读"。如今的社会,汉字到处可见,触手可及。生活中还有哪一个汉字是孤零零地存在的呢?它们都存在于不同的"文本"之中。你看,那些物品的包装、说明书之类,那些指路牌、广告之类,一个个、一幅幅,不也是一种"文本"吗?我们的孩子在生活中也认识了很多汉字。当说到洗发水的时候,你到超市去看一看，你就会发现有很多种类，如沙宣、飘柔、舒蕾、潘婷、雨洁、雅芳、霸王、诗芬、好迪、蜂花、孩儿面、伊卡璐、隆力奇、夏士莲、露华浓、资生堂、海飞丝等等，在这个过程中，你便接触到了很多汉字，当你再去看它用法和效果的时候，你还会认识更多的字呢！"湿发后加以适量洗发露轻揉，以清水洗净，重复一次即可。每次配合飘柔高纯度焗油精华润发精华素使用，效果更佳！"这种识字具有很强的生活意识，也具有很强的主体意识，它是基于儿童发展的语文课，它唤醒了儿童的生活、激发了儿童的生活、体现了儿童的生活并提升了儿童的生活，它使儿童生活为原点的认读能力得以提高。

3. 课堂中的识字

每周五在语文课上利用刚上课的五分钟时间开展"生字开花"的活动。由老师提供一个容易开花的词语让学生进行练习。如：马——蚂——蚂蚁——一群蚂蚁在搬粮食。由字到词，由词到句。请看一段五分钟的活动实录：

师：（板书）日。

生：甲、由、田、白、申、时、春。

师：有一个节就叫做？

生：春节。

师：在春节的时候我们还要挂？

生：春联。

师：这春联上还会写上？

生：春回大地，福满人间。

师：有没有人想和春做朋友，让我们的"春"字继续开花？

生：我会一首古诗——《春晓》：春眠不觉晓，处处闻啼鸟。夜来风雨声，花落知多少。

生：我还会唱呢，我给大家唱一唱。（生唱。）

汉字通过"开花"活动形成一个"资源库"，当这个"资源库"被输入大脑、存储于大脑，以后再碰到"资源库"中的任何一个字时自然就会链接到与这个字有关的资料,极大地改善了孩子简单、枯燥的识字过程。

4. 两月一次的专题识字

这学期,我们开展了两次“大眼睛识字系列专题活动”,分别是“踏春寻梅”和“我是小小兵”。在活动中,我们鼓励孩子通过向别人请教、在字典或网络中查找等方式多渠道多途径地认识汉字。

大眼睛识字系列活动

——踏春寻梅

老师寄语:

亲爱的小朋友们,通过一个学期的学习,你们已经认识了不少汉字,你们真了不起!其实,认识汉字不仅在语文课堂上,还可以通过自己的实践——读读书、查查资料、请教别人等方法来认识汉字。这学期,我们开展了“大眼睛识字系列活动”。比一比谁在这些活动中,认识的汉字最多。这个月,就让我们跟着春姑娘的脚步,一起到大自然中去找找我们熟悉或陌生的汉字宝宝吧!

向家人请教认识的汉字:

在书本中认识的汉字:

在网络中认识的汉字:

向同学学习的汉字:

小朋友们,其实门票上还有很多生字宝宝呢,请将门票上认识的生字画上圆圈并将门票贴在反面。

通过这一系列的识字活动,极大地培养了孩子识字的兴趣,理解了汉字的含义,体会到了汉字背后的情感,丰富了视野,拓展了知识面。汉字不再是被割裂的个体,而是一个个带有情感的词语、句子。识字活动,增加的不仅仅是孩子的识字量,更是要培养兴趣,了解汉字的含义,体会它背后的文化与情感。

中国的汉字博大精深,它好比一个让下一代用双手接过并承担起人类弥足珍贵的历史、文化,挑起人类精神文化杠杆的支点。作为教师,我们要去润泽学生的灵魂,培养学生热爱汉字的情感,培养学生对民族文化的亲切感、认同感和归属感,让我们的孩子说中国话,写中国字,做有根的中国人。

第二十一节 让花儿尽情绽放

笔者工作的这几年里,接触最多的是一年级的孩子,而刚入学的一年级学生对于一句完整的话没有概念,上课回答问题时往往只回答一个字或者一个词语,当说到一句话的时候,语序会出现错乱的现象。比如:老师问:“图上画了什么?”学生回答:“小桥。”通常我们需要指导孩子先把一句话说完整:“这是一座小桥。”在此基础上,我们才能指导学生说一句生动的话:“这是一座弯弯的小桥。”接着,我们才能指导学生有个性的表达。

除此之外,对于一二年级的学生来说,当可以有个性地表达一句话的时候,连句成段将是一个难点。在看图说话写话的时候,学生往往东一榔头西一棒子,主要是因为不会按照一定的顺序去观察,观察得不细致、不全面、没有一定的条理性。所以指导学生学会观察也很重要。观察要多角度,认识才能多元化,加上想象,才能写出个性化的内容。

在课堂上,我们可以通过一些方法让学生激发对语文的兴趣。

一、指导学生表述一句完整的话

第一，借助标点和句子成分建立句的概念来指导孩子讲一句完整的话。

对于一年级的孩子，建立句的概念有一个逐步提高的过程。一年级刚开始教课文时，笔者领着学生一句一句地读，要使他们知道课文是不可以一口气读下去的，中间要有停顿，每一次较大的停顿就是一句话，并且要让孩子们认识句号这个标点。在建立了句的概念的基础上进一步引导孩子认识句子是由词语按照一定的顺序组织起来的。

第二，用课堂提问法和句式训练来指导孩子表达一句完整的话。

第三，用听故事、说感想的方式来表达一句完整的话。

读书课上，笔者先讲了《灰姑娘》的童话故事，接着提问：听了这个故事你有什么感想？

生：灰姑娘很善良。

生：我喜欢灰姑娘。

生：我不喜欢灰姑娘的后妈和姐姐。

生：王子很聪明。

生：仙女真好，她帮助了灰姑娘。

在这里，将《灰姑娘》的故事作为引子，重点交流了由故事所联想到的内容。除了以听故事、说感想的方式来表达一句完整的话的方式外，也可以就故事中提出的问题展开讨论或者练习续编故事等。

第四，结合口语交际来表达一句完整的话。

在班级开展小小个人信息发布会，跟同学介绍一下自己叫什么名字，今年几岁，自己的名字是谁给起的，为什么起这个名字。

生：我叫滕达，今年6岁，我的名字是爸爸和妈妈帮我起的，因为我爸爸姓滕，我妈妈姓达，所以我叫滕达。谢谢。

生：我叫赵天语，今年7岁，我的名字是妈妈帮我起的，因为我妈妈希望我的语文能够很好，所以给我取了这个名字，我会背《论语》和《三字经》。

孩子经过练习之后已经可以说一句完整的话了，并且可以将几句话连贯起来而说得很长了。

二、指导学生学会观察，指导说话

生理学家巴甫洛夫在他的实验室里刻着“观察、观察、再观察”，可见观察力的重要性。在语文教学中，观察训练是低年段写话教学的起步。对于一二年级的学生来说，由于年龄的特点，低年段的儿童大部分观察的时间短，错误较多，对事物间的细微差别难以觉察，观察事物零乱、不系统，看不到事物间的联系。写话教学在指导学生观察时引导学生从简单的事物和活动着手而逐步过渡到复杂的事物和活动。在观察的过程中引导学生掌握观察的顺序，做到有序观察：可以先近后远，也可以先远后近；可以先天空后地面，也可以先地面后天空；可以先整体后部分，也可以先部分后整体。经过教师用语言引导儿童观察，久而久之，儿童就学会了观察事物的顺序，这样就为今后的作文教学打下了基础。

以一年级《语文》上册《识字3》课本插图指导为例：

师：走进公园，你看到了什么？你能按从近到远来说一说吗？

生：走进公园，我看见了绿树、红花和小桥。

生：走进公园，我看见了小桥、流水和宝塔。

生：走进公园，我看见了红花、木马和滑梯。

生：走进公园，我看见了红花、小船和假山。

（学生自由发言。）

师：我们小朋友在观察事物的时候就是要像刚才一样按一定的顺序去观察，这个就是有序。刚刚大家讲了很多不同的事物，大家看得都很细致、全面。我们观察就应该有序、细致、全面。

结合课堂，笔者做了一个小实验进行观察的检测，发现如下：

能观察有序、细致、全面的前测（9月）

抽样班级	人数	观察有序	观察细致	观察全面
一(5)班	48	6	10	8
百分率		12.5%	20.83%	16.67%

能观察有序、细致、全面的阶段检测（10月）

抽样班级	人数	观察有序	观察细致	观察全面
一(5)班	48	29	32	18
百分率		60. 42%	66.67%	37.5%

能观察有序、细致、全面的后测（11月）

抽样班级	人数	观察有序	观察细致	观察全面
一(5)班	48	38	36	26
百分率		79.17%	75%	54.17%

综合数据分析发现：学生能按照一定的顺序去观察，观察逐渐变得细致、变得全面，学生在逐渐养成不遗漏、不重复的习惯。根据学生观察的特点，今后从单幅简单的图逐步转向多幅复杂的图，看图写话的能力会在一点一滴的观察中培养起来。

三、指导学生学会想象

学生的想象是无穷的，就拿一个O来说，学生有很多不同的答案，他们会想出眼球、圆圈、肚脐、太阳、水滴、烧饼、手表面等等。在O的基础上添加一笔又会变成什么呢？学生也有很多答案：气球、q、小蝌蚪、苹果、棒棒糖等等。由此可以联想到低年段写话教学在话题的选择上要给学生的写话提供有利的条件和广阔的空间，鼓励学生自由地表达和有创意地表达，这样学生便能围绕话题充分发挥自己的想象。

四、典型教学实践举例

课文是最好的范例，童话故事更是指导学生写话的最好例子。在教学二年级《语文》上册《青蛙看海》和《狼和小羊》这两篇课文时，笔者利用课本中的插图让学生续编故事。

在二(8)班的教学中，由于笔者当时是第一次教二年级，在写话教学时没有太注意引导学生发散思维，不太重视培养学生连句成段、连段成篇的能力，所以学生的写话内容不丰富，内容不长。

第二次教二年级的时候，笔者结合教材，先让学生读一读补充的材料和词语，再去想想怎么写，由课内迁移到课外，由扶到放，效果较好。

课上先读准备好的《青蛙看海》的范文，内容如下：

青蛙登上山顶后……

啊！大海就展现在它们眼前。

青蛙和松鼠高兴地喊起来："我们终于看到浩瀚的大海了！"只见一望无边的天空中几只海鸥在展翅翱翔。金色的沙滩上一群海龟有的在嬉戏，有的在晒太阳，还有的在做健美操。远处传来小姑娘的笑声，她们提着小篮子，拾起了彩色的贝壳。

此时此刻，青蛙特别激动，它想：啊，我终于看到大海了！只要我脚踏实地、坚持不懈地刻苦努力，就一定能实现自己的理想。

想到这一切，望着身边的小松鼠，青蛙由衷地说了一声："小松鼠，谢谢你，谢谢你一直以来的陪伴与鼓励。"

接着，我还给学生提供了一些可供参考的词语和句式，内容如下：

沙滩、贝壳、脚丫、海风、海鸥、浪花、珍珠、鱼虾、海带、港湾、渔船、晚霞、脚踏实地、坚持不懈、千言万语

有的……有的……还有的……

最后我给学生一个大致的写话框架：

青蛙登上山顶后……

啊！大海就展现在它们眼前。

青蛙和松鼠高兴地喊起来：“我们终于看到浩瀚的大海了！”只见……

……

此时此刻，青蛙特别激动，它想：……

想到这一切，望着身边的小松鼠，青蛙由衷地说：……

当学生想不出来或不知道该如何写的时候，我试图让学生借助辅助的词语、句式、段落来帮助学生发挥想象完成续写。当然，段落的格式化也会在一定的程度上束缚写话能力较强的孩子。基于由扶到放的过程，我将后一课《狼和小羊》的故事续写补充材料重新整理。课上，我依旧先读提供的范文，内容如下：

肉被骗走以后……

肉被骗走以后，小乌鸦和他的爸爸妈妈商量怎样对付狐狸。大家恨透了狐狸的狡诈，都想狠狠惩治他一下。乌鸦妈妈想到了一个好办法：我们在肉中夹一粒大石子，准会把狐狸的牙齿给崩掉，让他尝尝受骗的滋味！

狐狸又出来觅食了，一抬头就看到那块油滋滋的肉，顿时馋得直流口水，眼珠子骨碌一转。乌鸦看到狐狸张开嘴了，便把肉扔下去。狐狸心花怒放，使劲一咬，“哎哟哟”，牙齿掉了，疼得直叫唤。这时，乌鸦大笑着说：“看你以后还敢不敢欺负我！”刚说完，冷不防摔了下来，翅膀都折了，结果是两败俱伤。乌鸦和狐狸都感到不该这样，它们决定要成为好朋友。

从此以后，狐狸和乌鸦和睦相处，不再钩心斗角了，森林里一片和谐！

因为考虑到二年级学生的整体水平，我为学生提供了一些可供参考的词语，如直流口水、摇头摆尾、得意洋洋、神气活现、垂头丧气、唉声叹气、相亲相爱、生机勃勃等等。这次的写话练习不同于《青蛙看海》的是，打破了段落格式的束缚，充分地让学生自由想象续写故事。学生的能力有高低，借助范文，借助提供的词语，在自己的脑海中搜集信息、组织语言而自由表达。

新课标指出：写作是运用语言文字进行表达和交流的重要方式，是认识世界、认识自我、进行创造性表述的过程。写作能力是语文素养的综合体现。在本次课程改革中，识字教学、阅读教学和写作教学是被提出的主体部分。在不同的年段，新课标也有不同的要求：一二年级提出"对写话有兴趣，写自己想说的话，写想象中的事物，写出自己对周围事物的认识和感想"；三四年级提出"能不拘形式地写下见闻、感受和想象"；五六年级提出"能写想象作文，内容具体"；七到九年级提出"多角度地观察生活，发现生活的丰富多彩，捕捉事物的特征，力求有创意地表达。运用联想和想象，丰富表达的内容。能在文章的内在联系和自己的合理想象中，进行扩写、续写"。不难看出，每个年级的阶段目标相互联系，螺旋上升，最终提高学生的语文素养。低年段学生写话个性能力的强弱直接影响着中高年段学生写作能力的发展。

钟启泉在《学科教学论基础》中指出：任何一门学科教学的目标，大体有四个组成部分：①关心、动机、态度；②思考力、判断力；③技能；④知识、理解。这四个部分作为一个整体反映了一种学力观，即"学力"是由显性部分和隐性部分组成。"显性学力"是靠了"隐性学力"的支撑才能存在与发展（倪文锦《小学语文新课程教学法》）。在新课程背景下，作为隐性部分的"情感态度和价值观"这一维度在课程标准的三个维度中凸显出来，打破了以往以"知识与技能"占主导地位而忽视了其所蕴含的人文因素的局面。小学语文低年段写话个性化的表达正是让学生凸显了"情感态度和价值观"这一维度，让学生自己去认识眼中的世界、认识心中的自己而进行真实的表述，符合新课程的理念。

儿童是一支有个性的笔。新课标在"前言"部分指出："现代社会要求公民具备创新精神。"在"总目标"第四条中指出："在发展语言能力的同时，发展思维能力，激发想象力和创造潜能。”“学生听、说、读、写能力都是以思维能力为基础相互联系，通过显性的说、读、听的训练启发学生掌握语文规律、思维规律和表达规律，再用这些规律指导隐性的写的实践，在实践中再次促进说、读、听的发展，以此影响学生语文能力的整体效应。”中高年段学生用词造句、连句成段、连段成篇的能力是在低年段的基础上逐步形成的，低年段学生写话个性化能力的强弱直接影响着中高年段学生写作个性化能力的发展，所以起始阶段对学生写话兴趣的培养十分重要。

第二十二节　因“微”不同，所以精彩
——换一种设计学语文

《小池塘》是小学《语文》第二册第二单元的一篇课文。本单元编者在编排课文时是围绕春的话题组建的，《小池塘》位于单元课文中的第三篇。本课是一篇形象生动、内容新颖、想象丰富、意境优美的散文。在教学本课第二自然段“白云倒映在池塘里，像一群白鹅。太阳倒映在池塘里，像一只鲜红的气球。月牙倒映在池塘里，像一只弯弯的小船。星星倒映在池塘里，像许多闪亮的珍珠”时，笔者是这样呈现的：

师：在这水汪汪的大眼睛里，你会看到什么呢？谁来读读课文的第二自然段？

（生读第二自然段。）

师：（板书：倒映）这儿有个词，先在文章中找到这个词，再读读这句话，一边读一边想想它的意思。

师：你知道什么叫“倒映”了吗？

生：比如说池塘周围有芦苇，池塘里也会有芦苇。

师：是的，当你不理解一个词语的时候你就可以结合它所在的句子来理解。你瞧，小池塘里的水清清的，就像一面镜子，很多东西都能映出来。池塘周围有什么，池塘里就会有什么，这就

叫做"倒映"。

师：这一小节中共有四句话，让我们来看看分别有哪些物体倒映在小池塘里。

生：有白云、太阳、月亮和星星这四种物体倒映在小池塘里。

师：白云是什么样的？

生：白白的。

生：软软的。

生：柔柔的。

师：喜欢这样的白云吗？

生：喜欢。

师：我们一起来读一读这句话吧。

（生读。）

之后的三句和第一句教法同上。接着，教师问："你能猜一猜老师为什么把白云和太阳用一种颜色的粉笔写，月亮和星星用另一种颜色的粉笔写吗？"

生：因为白云和太阳是白天的，月亮和星星是晚上的。

师：是的，白云、太阳、月牙和星星这四个物体，作者在写文章时是暗含内在联系的，课文从白天写到黑夜，从天空中的实物写到倒映在小池塘里的景物。

师：想想，还会有哪些东西倒映在小池塘里？

生：……

反思这节课，笔者在抓住文中主线"倒映"一词后由归纳到演绎地学。即先让学生对文章中出现的白云、太阳、月亮和星星这四个物体整体感知后再进一步逐一学习，在文章的最后让学生了解到作者是按照时间的顺序，从天空中的实物写到倒映在小池塘里的景物，以此来表现小池塘的美丽。这样的教学设计是从笔者理解教材后想层次清晰地让学生理解课文的角度来考虑的。但课堂上由于牵引的成分比较多，学生的学习呈现出受动性,他们没能很好地“披文入境”,没能很好地感悟到这是一篇形象生动、内容新颖、想象丰富、意境优美的散文。

有了以上的思考,同样的自然段在另一节语文课上,笔者是这样呈现的:

文中“倒映”教法相同,和刚才片段不同的是在对这四句的处理上:

师:这一小节中有四句话,分别有四种物体倒映在池塘里,你喜欢读哪一句你就读哪一句。

(生自由读。)

师:你喜欢读哪一句?

生:第四句。星星倒映在池塘里,像闪亮的珍珠。

师:星星是什么样的?

生:一闪一闪的。

生:闪亮的。

生:闪烁的。

师:是啊,星星多美呀,多亮呀,像珍珠呢。

(师板书“星星、珍珠”,用同一种颜色粉笔写。)

师:喜欢这样的星星吗?

生:喜欢。

师:喜欢星星的小朋友,我们一起来读一读这句话吧。

(生读。)

(接下来的三句和第一句教法相同,根据学生喜欢的句子逐一学习。)

师:想想老师为什么把白云和太阳用一种颜色的粉笔写,月亮和星星用另外一种颜色的粉笔写?

生:因为白云和太阳是白天的,月亮和星星是晚上的。

师:是的,白云、太阳、月牙和星星这四个物体在文章中暗含了一定的内在关系,课文从白天写到黑夜,从天空中的实物写到倒映在池塘里的景物,你明白了老师这样板书的意思。

师:想想,还会有哪些东西倒映在小池塘里?

生：……

反思这节课，笔者在抓住文中主线"倒映"一词后由演绎到归纳地进行教学。即学生个体与文本之间通过情感的交流产生共鸣后挑选出自己最喜欢的景物，教师由此引导学生根据自己最喜欢的景物来学习。接着让学生了解到作者所写的这四种物体是按照时间的顺序来写的，并从天空中的实物写到倒映在小池塘里的景物，以此来表现小池塘的美丽。这样的教学设计是基于之前思考如何更好地让学生"披文入境"而考虑的。课堂上，学生在亲近母语时，个体与文本之间的情感迸出火花，他们挑选自己最喜欢的景物大声朗读，兴趣十足，学生的主动性被充分调动，较好地走进了文本，但笔者还是没有找到在这节语文课上足以让自己和学生心动的感觉。

事后，通过和老师的交流，笔者又一次理清了新的设计思路：通过朗读、感悟和想象，让学生感受到世间万物的姿态万千和色彩斑斓，从而让学生感受到小池塘的美丽和春天的美好。在第三次教学中，笔者是这样呈现的（文中"倒映"教法相同）：

师：在美丽的小池塘里你看到了什么？

生：我看到了白云。

生：我看到了太阳。

生：我看到了月亮和星星。

生：……

师：你可以用上这样的句子说一说吗？小池塘里有……有……还有……

生：小池塘里有小鸟，有月亮，还有星星。

生：小池塘里有太阳，有蓝天，还有白云。

生：小池塘里有太阳，有蓝天，还有小鸟。

生：……

师：是啊，春天来了，万物复苏了，世间万物都在展现着自己最美丽的姿态呢，可真是姿态万千啊。（板书：姿态万千。）

师：能读好这一自然段吗？

（生读。）

师：其实它们不仅姿态万千，还色彩斑斓呢。（板书：色彩斑斓）在课文中自由地找找物体倒映在小池塘里，都有哪些颜色。

生：有红色。

生：有蓝色。

生：小池塘里有鲜红的太阳，有白色的白云。

师：还会有哪些物体倒映在小池塘里，还会有哪些颜色呢？

生：小池塘里有咖啡色的大树，有蓝湛湛的天空，还有绿油油的小草。

生：……

再来看这节课，这次的教学打破了之前的两种教学方法，将重点落在教师对教材创造性的处理上，并且更加注重学生语言和思维的发展。本次设计通过形和色来引导学生欣赏小池塘，在朗读、感悟和想象中感受小池塘的美丽和春天的美好，既进行了语言文字的训练又丰富了文本的内涵，力图“模糊和消解主体和客体、作者和读者、教师和学生之间的界限，以一种开放的形式展现一种流动的美”。课堂不仅生动而且还令人心动，呈现出了师生共同体验、共同发展、共同完善的动态过程。语言是美丽的，语言是有品味的，她有温度，她有生命，她有灵气，引领学生在语言之原野上徜徉，在语言之琴弦上弹奏，在语言之灵魂上栖息，无疑是对学生语文素养的综合提升。因“微”不同，所以精彩。教师只有在不断地钻研中才能对教学入乎其内，出乎其外，才能孕育出丰厚意蕴、令人心动的语文课堂，才能开发出有趣好玩、学生喜爱的语文课堂。

第二十三节　“动感地带”乐无限

“动起来为新的力量喝彩，动起来每一秒都期待，动起来为新的纪录喝彩；动起来就拥有精彩未来，动起来这世界充满期待，动起来做最精彩的一代……”这首《动起来》风靡全国。当所有人动起来的时候，我们的语文课堂是不是也像歌中唱的那样，让所有的学生都动起来呢？让我们先看一则教学实录：

师：孩子们好！

生：老师好！

师：真有礼貌，平时在学校里有没有得过小红花、红五角星啊？怎么得到的呢？

生：我的课堂作业全对。

师：怪不得得到表扬。

生：我的作文写得好。

师：怪不得老师要奖励你。

生：回答问题精彩。

师：怪不得拿到小红花。和你们聊了这么多，我一直在用一个词儿，听出来了吗？

生：怪不得。

师：听得真认真，学会倾听是一个非常好的习惯。读读这个词。

（出示：怪不得）

师：这个词在我们今天学的课文中出现过吗？

（学生一下子就找到一个句子并读出来了。）

（出示：它的头顶就像嵌着一颗红宝石，鲜红鲜红的，怪不得人们都叫它丹顶鹤。）

师：看来小朋友课文读得很熟，怪不得我一说这个词就知道在什么地方。有两个字，还想考考大家会不会写。

（师报“遥”和“论”，学生默写。）

师：都写好了吗，咱们来看一下。

生：左边同学字写得太小了。

师：是啊，两个字挤在一个格子里，就像营养不良的宝宝。（生笑。）另一个同学写得很舒展。写字不仅要写正确，还要写漂亮，别人看到你的字，就仿佛看到了你可爱的小脸蛋。好多同学写的“遥”字要到整形医院整整形，不太美哦，看我再写一下。

师：（范写，边写边强调）“遥”下面的笔画要注意，一笔一画写正确。竖要顶住上面的横，然后再写走之部。走得很远很远，就是——

生：（齐）遥远。

师：看来这个字的意思和部首有关。换个部首呢？（出示：摇。）这个字意义和什么有关？

生：和手有关。

师：那摇头呢？

生：和动作有关。

师：这下说准了，像摇头、摇手、摇晃都和动作有关。所以写这两个字的时候要注意部首，想想意思。和走路有关就用——（遥），和动作有关就用——（摇）。

师：“论”也要进美容院打扮打扮喽。（范写“论”。）言字旁的竖要写得直直的，竖弯钩的竖也要写得直直的，字就不会歪了。

（写好后，教师让学生把习字卡传回去。）

师：刚才你们传的是什么？

生：传的是卡片。

师：文中“传说”传的是什么？

生：传的是以前的事。

生：传说丹顶鹤是神仙的旅伴。

师：（对前排第一个学生）你知道吗？丹顶鹤可是神仙的旅伴呢。请你把这句话传给其他同学，好吗？

（学生一个一个传这句话。）

师：就这么一个传一个，一代传一代，是真是假，也不知道，就这么传下来了，就这叫——

生：（齐）传说。

这是特级教师周婷执教《美丽的丹顶鹤》一课的教学片断，无论是导入时对“怪不得”的巧妙渗透，还是随后默写生字并比较识记“摇”和“遥”，以及通过传生字卡片、传话等活动引导学生在动作的演绎中理解“传”和“传说”的内容和意蕴，教师的教学方法形象生动，充分调动了学生的学习积极性，使看似平常的生字教学环节，充满着浓浓的儿童情趣和语文味道。

周婷老师的课，对我们不无启发。那就是语文课堂教学要真正实现生本课堂，必须改变以应试为目的的枯燥、古板的教学现状，而要努力激发学生求知欲，开启学生智慧，为学生创设良好情境。特级教师于永正说过：“有情有趣是教学。”要让学生学出“情趣”，我想，教师在教学实践中，应针对儿童的年龄特点及实际情况开展形式多样的活动，寓教于乐，引发儿童的兴趣，让学生在玩中学、学中玩的愉快气氛中感受学习的乐趣。因此，语文课堂要焕发生机活力，就要让学生动起来，放开学生的“口”，让语言动起来；解放学生的“脑”，让思维动起来；放松学生的“手”，让身体动起来……这样才能实现学生主动学习，主动发展。

那么，怎样才能让学生动起来呢？我们不妨从以下方面着手，引领学生走进语文的“动感地带”。

1. 查一查

新课标要求，要培养学生搜集资料的能力，教师要努力创设这样的平台，帮助学生形成搜集资料的习惯。学生在预习的时候，可以要学生动手查字典、词典，扫除读文障碍，同时也应让学生就文中涉及的不明白的内容，上网或翻阅图书等查找相关资料。比如学习《台湾的蝴蝶谷》一课，课前就可以布置学生了解台湾的气候、地理位置和台湾蝴蝶的种类等，有了对台湾的了解，再进行课文的学习，学生对台湾的认识，对蝴蝶谷的感受就会更加深入。当然，搜集资料也可以体现在课后拓展延伸中。当学生学完课文《台湾的蝴蝶谷》以后，蝴蝶谷的迷人景象已经深深印刻在学生心中，这时，教师告诉学生：“台湾是我们祖国的一部分，它不仅有神奇的蝴蝶谷，还有美丽的日月潭、风光秀丽的阿里山等，同学们可以继续走进台湾、了解台湾。”这样不仅把学生的学习引向课外，也激发了学生对台湾的向往和祖国的热爱。

2. 画一画

成功的教学需要的不是强制，而是激发学生的学习兴趣。吸引学生的注意力，激发学生的学习兴趣，就是培养学生学习的主动性、积极性。激发学生学习兴趣的方法很多。较简笔画是实际、有效的方法。如《咏华山》是一首文包诗类型的课文，一般教师都会采用诗文对照的方式，引导学生学习课文，感受诗文中描写的景象，通过语言文字，体会华山的高，体会文字表达的准确，这是全文的重点。教学时，教师可以从文入手，运用简笔画画出华山，然后启发学生画出诗句描写的景象，为了描绘准确，学生需要一遍遍触摸语言文字，在文字的浸润中，学生准确地画出了邻山、红日、白云的位置，也在不断深入语言文字中理解了“远远近近”、“山腰间”等词，逐步领悟诗句的意思，简笔画的形式有效激起学生的好奇心和探究力。

3. 唱一唱

苏霍姆林斯基说：“儿童是用声音、形象、色彩思维的。”很多课文是根据歌词改编的，如《让我们荡起双桨》、《歌唱二小放牛娃》等，教学这类课文，可以让学生跟着音乐唱起来，音乐的渲染，有利于学生走进课文的情境，与文本、与作者展开心灵的对话，深化对课文的理解，激起情感和思想的共鸣。

4. 演一演

现代教育理论认为，儿童的学习必须以儿童的方式进行，必须是体验型的。表演是儿童喜欢的表现形式，也是学生对课文全身心感受的有效手段。像《三个小伙伴》、《狼和小羊》、《狐假虎威》等课文，故事情节强，又蕴含深刻的道理，教师可在学生初步理解课文的基础上，以表演课本剧的形式“再现”课文的情境，把抽象的文字演绎成形象的肢体语言，让学生在真切的角色中获得体验，迸发内心的情感。课本剧的演绎，是把深奥的道理形象化，枯燥的事物趣味化，学生感到新颖，具有新鲜感和吸引力，从而增强学习的兴趣，从中获取知识。

5. 仿一仿

模仿力强是小学生的特点，在教学中，让学生仿照课文的言语形式，进行语言实践，是一条提高学生学习兴趣的有效途径。比如教学《冰花》这篇课文时，对于冰花的形态，教师不用一一讲解，而是引导学生自己通过读课文、看画面、说特点，使抽象的语言文字幻化为具体生动的形象，然后又问学生:“窗玻璃上的冰花仅仅就这么些吗?”“那可能还有些什么形状的冰花呢?”然后放手让学生通过手势做出冰花的各种造型,最后再让学生以“啊,冰花真美啊,像……像……像……”的句式进行口语训练。这样做,强化了语文实践活动,又激发了学生的学习积极性,提高学生的参与率,使语文课堂充满活力。

6. 辩一辩

课堂是学生自主的课堂,是学生多种感官相互协调下,多维接受信息的课堂,是多向互动生成的课堂,是自主建构知识和能力的课堂。教师要为学生的自主发展提供广阔的空间,激发学生大胆表达、仔细倾听、自由交流,在互动合作中发现问题、解决问题,交流情感,形成能力,使学生的潜力得到充分的挖掘,学习能动性得到充分的发展。在教学《“你必须把这条鱼放掉!”》一课,教学中围绕着“这是一条什么样的鱼,为什么放,该不该放”引导学生展开讨论。讨论第一个问题,目的是让学生感受鱼的大,体会汤姆的舍不得。第二个问题是重点,可以让学生扮演父子俩,再各自找出理由来说服对方。

“这条鱼很大,很难钓到,如果放了,以后可能再也钓不到了。”

“虽然鱼很大,也很难钓到,但我们必须遵守规定。”

“离允许钓鲈鱼的时间只有两个小时了,这么短的时间,没有关系的。”

“规定必须遵守,不能随意改动。”

“没有人看见我钓到鲈鱼,不放也没关系。”

“在有人看见的情况下要遵守规定,在没有人看见的情况下更要遵守规定。”

“做人要诚实、自觉,要严格要求自己。”

……

通过设置辩论,引发学生对文本反复咀嚼,对课文内蕴不断挖掘,学生在辩论中明理,在辩论中发展思维,进行语言实践,培养语感,提高语文能力。

7. 编一编

小学生年龄小，自制力差，学习明显受心理因素支配。只有遵循学生心理活动的规律，把学科特点和年龄、心理特征结合起来才能使学生愿意学、主动学。对于低年级学生来说，识字写字是学习重点也是难点。教学中运用编字谜的方法，发动学生开动脑筋自编谜语，编得好的同学，可获得“谜语大王”奖牌。这样变被动为主动，变枯燥为生动，学生的识字效率大大提高了。这是学生编的字谜：“半个月”(胖)、“水少了很多”(沙)、“广字下面有个木”(床)、“木和目，不是林”(相)、“门里有个人”(闪)、“一口咬掉牛尾巴”(告)、“十点的太阳”(早)、“天上长出两个角”(关)。如此简单而趣味的活动，充分调动了学生学习的积极性，发挥了学生的想象力、创造力，使学生在轻松和谐的气氛中自觉、自愿地学习，不仅开拓了学生思维，而且给予了学生创造的空间。

8. 玩一玩

“给儿童以劳动的快乐，取得学习的快乐，唤醒隐藏在他们心中的自豪感、自尊感，这就是教育的金科玉言。”爱玩好动是低年级学生的特点，教师可以巧妙地利用游戏活动引导学生学习，使他们在玩中学、学中玩，将会对学习效果起到事半功倍的作用。比如识字课上，教师采用猜字谜、走迷宫、开火车、摘苹果、打气球、进行生字挑战赛等语文活动，将识字同游戏活动紧密结合起来，学生在游戏中感受到识字的快乐、成功的快乐，那么识字对学生来说，不再是枯燥乏味的任务，而是轻松活泼的游戏，识字的效率会大大提高。

9. 游一游

在教学中，教师可以通过学生喜闻乐见的活动创设生活情境，引发学生以高昂的情绪投入学习。尤其是低年级学生，更应注重培养学生的学习兴趣，使之成为持久的学习动力。旅游就是学生喜欢的活动，教学《识字6》，教师以生活中常见的旅游为形式组织学生学习，老师做导游带领学生游览祖国风光，在游览中学习各词串，激发学生主动识字的积极性，引导学生入情入境地朗读，当学生朗读得好时，就发一张导游证作为奖励，这样学生学起来兴致就高了。

10. 试一试

小学生的思维活动正处于具体形象思维向抽象思维的过渡期，动手操作活动既是他们认知的需要，又是思维发展的基础。在动手的过程中易于引起兴趣，展开思维，它往往可以使人在“动”中恍然大悟，在“动”中产生联想。比如《晚上的太阳》一课，讲述了爱迪生用智慧救了妈妈的故事，课文有一段文字具体介绍了爱迪生是如何用镜子、油灯搭造了一个简易的手术台。在教学这部分内容时，可以先让学生划出爱迪生是怎么做的句子，说说过程，然后教师将“油灯”、“镜子”等道具提供给学生，请学生上台来试一试、摆一摆，学生摆放的过程其实就是将文字还原成画面的过程，激发了学生探究的兴趣，加深了对语言文字的感悟。

11. 贴一贴

苏霍姆林斯基说：“所谓课上得有趣，就是学生带着一种高涨的、激动的情绪学习和思考，对面前展示的真理感到惊奇甚至震惊，在学习中感受到自己智慧的力量，体验到创造的欢乐。”因此，创设良好的学习情境，让学生在宽松和谐的氛围中学习，可以有效地提高审美能力和语文综合素养，使学生不仅成为技术主体和科学主体，而且成为精神主体和审美主体。如《蜗牛的奖杯》有这样一个词“遥遥领先”，教师并没有直接问学生什么叫“遥遥领先”，而是出示几种昆虫的贴图，问学生：“这场昆虫飞行比赛结果怎么样呢？蜗牛的位置在哪儿？”请学生上来贴图，并询问学生是否同意这样贴，引导学生主动思考“遥遥领先”的意思。有学生就说：“我觉得应该把蜗牛贴得再远一些。因为蜗牛在比赛中是遥遥领先。”“就是蜗牛要飞在最前面，其他的昆虫被远远地甩在后面。”“蜗牛飞得最快，飞行本领最高，其他昆虫都比不过它，蜗牛都到终点了，蜜蜂、蜻蜓还差一大截呢！”教师利用贴图为学生创造情境，提供直观的感知及语言文字的对应与暗示，使学生轻松体会到了什么是“遥遥领先”。巧妙地运用贴图，便深入浅出地将抽象的词语形象化，学生在摆一摆、说一说的过程中逐步丰满了对词语的理解。

语文课堂动起来，更精彩！让我们走进充满活力的语文“动感地带”，让语文课堂成为学生乐于学习的场所，让学生在课堂上充分“动”起来，学得有滋有味、有声有色，这才是真正意义的语文课堂教学。

第四章　改变自我，成就孩子

第一节　读懂你，我的孩子

恋爱中有一句挺壮烈的话："我爱你，但与你无关。"往往到了这一步，表明两者之间出问题了。一方付出得无怨无悔，另一方却对此产生抗拒甚至厌恶的心理。情感世界里，这种情况似乎并不少见。生活中也会有这样的状况发生，尤其在与儿童的相处中，这种体会似乎更加深刻。

教育行当里也有一句挺壮烈的话："再穷不能穷教育，再苦不能苦孩子。"第一句话实践得如何不作评论，第二句却表现得淋漓尽致。大人们的付出无怨无悔，孩子们却不一定照单全收。你给他买了钢琴、小提琴，他却偏偏喜欢打篮球、踢足球；你花钱给他报了辅导班，他那边爱理不理地给你摆造型……为什么会有这样的错位？为什么成年人觉得为孩子好的事情，到了孩子那儿却未必领情呢？

Rose爸喜欢给Rose买体积大的玩具，认为这样环境下教育的孩子大气。可Rose就是喜欢玩那些小车，趴在地上滚着车轮玩。常常我们注意不到的，像地上的小纸屑、头发丝，他都会关注，还一定要捡起来。

Rose爸特别不愿意看到儿子这样，觉得Rose小里小气，和他心目中的目标有很大的差距。我一直觉得他的观点有问题，但又找不到根据，直到读了"蒙特梭利教育法"才知道，在幼儿的心理发展中会出现各种"敏感期"，Rose正处在细节的敏感期：幼儿在2至3岁时会表现出对细节的敏感，他的注意力往往集中在最小的细节上。这表明幼儿的精神生活存在，以及幼儿和成人具有两种不同的智力视野。正是这种敏感期，使儿童用一种特有的强烈程度去接触外部世界。

我把这一段读给Rose爸听，并批评他要多读书，别因为自己不学习、不了解而误读了自己的孩子。

最近，Rose话明显多了，成天唠叨个不停，特别喜欢和陌生人聊天，有时自己玩着的时候也自言自语。

Rose爸悄声问：Rose是不是有点毛病啊，一个人都会说话。

我一听不高兴了，给他解释：在Rose这个年龄，还需要通过语言来进行思维，自言自语其实是思维的一种载体。

Rose爸对我的话颇不以为然。为了说服他，我只好把书搬出来："儿童的自言自语是由外部言语向内部言语转化中的一种过渡形态。实际上是儿童思维的有声表现。有的孩子自言自语较多，这恰恰说明他们肯动脑筋。从儿童的自言自语中，我们能够了解到孩子的思考内容及方向，能够体察孩子的想象力，为进一步引导孩子发展智力打下良好的基础。"

这样看来，爱孩子，首先还要能读懂孩子。读懂孩子最需要什么，而不是以爱的名义输入自己想要的结果。

在语文课堂上，孩子们需要什么呢？孩子需要的有很多，我认为"关注"与"理解"尤为重要。

一、关注

每个孩子都渴望经常能得到父母、老师的关注，无论是赞许的目光、语言、行动等积极性关注，或呵斥、训诫等消极性关注，对他们来说，都是需要的。

然而，在父母心目中总认为"孩子就应该是听话的、学乖的"，因此对孩子好的言行和品质往往视而不见，不及时给予微笑、赞扬等肯定性表示，只有当孩子不听话或有越轨行为时，父母才给予管教。结果，在孩子头脑中形成的结论是：只有犯错误、闯祸，才会引起父母的注意，反复强化，最后出现屡教不改的结果。

美国儿童教育家多德森博士曾打了一个比喻：新鲜香脆的油煎土豆片比半生不熟的更受人欢迎，然而对一个饥饿中的孩子来说，假如能得到的只有后者，他也一定会照吃不误。

这个比喻就是说，孩子在精神上首先需要的是得到关注，至于是什么样的关注则是次要的。因此家长和教师不妨换个角度看待孩子，变没完没了的批评为细心观察孩子的长处和微小进步，并适时地给予肯定和赞许，这样或许会带来意想不到的效果。

语文老师某种程度上就是母语的形象代言人。学生的情感是不加掩饰的，很多时候，他们喜欢这个老师，就会喜欢这门课，如此简单。

先有爱，再谈严，如果时常对他们横眉冷对，着急上火，这个代言人的形象何在？不必总是在他们的耳边催促，不必总是见不得闲人，不必总是用严厉的目光审视他们……如果扒心扒肝累得要死，换来的却是学生的不理解，学习语文的兴趣逐渐丧失，落个事与愿违，这个结局是谁也不愿意看到的。其实学生最烦的一句就是“我这都是为你好”，而实践证明，只有被学生接受的爱才是最好的爱。有些好不必提，一提就俗了；有些话不必说，一说就破了。走廊上，每天课间随机性地与班级一两个学生聊聊天，看看风景，让他们感受到与老师单独相处的温暖；寒暑假，保证和每一个孩子通一次电话或发一条短信，让他知道老师的关心。再小的事，不隔夜处理；再大的错，不让学生哭着离开学校。学生想起你，就会想起语文。

关注到每一个孩子，他们也在心里关注着老师，关注着语文。有些原本对语文不感兴趣的孩子会逐渐地被吸引过来。兴趣是最好的老师。发自内心的喜欢是学习的良师益友。从《论语》中我们可以看到，孔子的教学活动并不像我们想象中的那样严谨紧张、不苟言笑，而是非常轻松愉快、随机而行、随意而发的。孔子本人更是因“好学”而对学习充满兴趣，他说：“知之者不如好之者，好之者不如乐之者。”知之者是被动接受，好之者已是主动追求，乐之者则达到痴迷执著的状态。

语文的学习是一个不断积累与感悟的过程，一蹴而就或一口吃个胖子的想法是不现实的。不妨从培养学生的学习兴趣入手，关注到每一个孩子的需求，激发起他们热爱语文的兴趣，这样，如果在小学能够达到“好之者”的阶段，或者接近“好之者”的阶段，对于学生而言，都是不错的结果。

二、理解

（一）我们理解孩子吗

Rose自己有一张小床，放在父母的大床旁边。开始时他很喜欢自己的小床，每晚都是开开心心地上床睡觉。有一次，Rose有点发烧，我怕晚上不方便照看他，就叫Rose爸把小床靠大床的护栏拆了。Rose一看不高兴了，大哭大闹起来，反反复复地嚷："为什么要拆掉，为什么要拆掉啊？"还爬起来，搬起护栏自己去装。那护栏是一张床的长度，比他身高还要长，而且两边都要固定，他怎么也装不了。我怕他着凉，用被子裹住他，结果他还是在被子里不停地挣扎哭闹。Rose爸在一边，非常生气，认为Rose不听话，还压低声音很郁闷地说："有病有病，这个孩子有病。"

他没有认识到，孩子正处在秩序的敏感期。我们打乱了他所熟悉的生活秩序，他产生了不安全感。

多一点理解，多一点等待。有些时候，你觉得孩子莫名其妙，不可理喻，实际上，如果用孩子的眼睛去观察，一切又都是那么自然，那么和谐。多年前有一句流行语叫"理解万岁"。孩子无论做出什么让大人匪夷所思的举动，对孩子来说，都会有他们简单的理由和单纯的想法，我们不能站在成人的角度和高度来看待和分析，而应该蹲下身子站在孩子的视角去观察和思考孩子想要表达的是什么，耐心探究孩子心灵深处的东西。

张晓风写过一篇优美的小文《那夜的烛光》，可以带给我们思考。

> 临睡以前，女儿赤脚站在我面前说：
>
> "妈妈，我最喜欢的就是台风。"
>
> 我有点生气。这小捣蛋，简直不知人间疾苦，每刮一次台风，有多少屋顶被掀跑，有多少地方会淹水，铁路被冲断，家庭主妇望着几元钱一斤的小白菜生气……而小女孩却说，她喜欢台风。
>
> "为什么？"我尽力压住性子。
>
> "因为有一次台风的时候停电……"

"你是说,你喜欢停电?"

"停电的时候,我就去找蜡烛。"

"蜡烛有什么特别的?"我的心渐渐柔和下来。

"我拿着蜡烛在屋里走来走去,你说我看起来像天使……"

那是许多年前的事了吧。我终于在惊讶中静穆下来,她一直记得我的一句话,而且因为喜欢自己在烛光中像天使的那份感觉,她竟附带也喜欢了台风之夜。一句不经意的赞赏,竟使时光和周围情境都变得值得追忆起来。那夜,有个小女孩相信自己像天使;那夜,有个母亲在淡淡的赞许中,制造了一个天使。

相信很多读者读后都会有一丝庆幸,庆幸这位母亲压住性子多问了一句"为什么",于是一个天使诞生了;如果这位母亲不够耐心,没有去问为什么,而是不由分说地压制孩子的话,就将扼杀掉一个天使。理解万岁,当真如此。

(二)孩子理解文本吗

一天,给五岁的儿子讲故事,说的是金斧子银斧子的故事,想必这个故事很多人都听过,一个年轻人掉了一把斧子,神仙爷爷拿了一把金斧子,问是不是他的……最后赞扬了这个年轻人的诚实品质。我问儿子:"听了这个故事,你明白了什么呀?"儿子很认真地回答:"以后东西要抓牢,不要弄掉了老麻烦别人。"我大笑,同时也真的佩服儿子,这个答案我是第一回听到,估计也是很多人第一回听到吧。我认为,它甚至比标准答案更难能可贵。

随着年龄的增长,孩子们对文本的认识不断加深,逐渐会考虑到作者的写作初衷。新课标指出,在教学中尤其要重视培养良好的语感和整体把握的能力。把语感和整体把握能力放在一起是有深意的,语感必须在语境中形成。语境是指言语活动赖以发生和进行的条件系统。因此,要想在阅读中提高语感,首先要对阅读材料这个条件系统进行整体的梳理,弄懂作者的言语目的和情感态度。也就是说,良好的语感是建立在对文本整体理解的基础之上的。

对于文本的理解，我们有一些简易的方法帮助阅读。如抓住文章中的一个或几个重要的问题，这些问题既能带动对全篇文章的阅读理解，又能带动学生的阅读活动，并深入到文章的每一处。力求以点带面，从课内走向课外，从而调动孩子的主动性和积极性。余应潮的"三个句子阅读法"是很值得借鉴的，就是说，一篇文章到手，对着它用三个句子说说话。

第一个句子是：这是一篇__________
第二个句子是：这篇文章好在（或"美在"）__________
第三个句子是：我从这篇文章中学到了__________

让学生慢慢体验，逐渐掌握整体阅读的方法，在理解中提高语感。

对于文本的理解训练，孩子的眼光不能只局限于课本，简单地说，就是立足于课本而又延伸到课外，能从纷繁的阅读材料表面逐渐分析、归纳、总结出属于自己的阅读经验，化被动阅读为主动阅读。

我们可以加强语文主题教学的研究。例如对人物细节刻画的主题研究。我们选取了《茶馆》、《红楼梦》、《儒林外史》、《欧也妮·葛朗台》等中外名著的节选片段，让学生通过名著之间的比较，总结归纳出自己能接受的刻画人物细节展现人物个性的写作方法。再例如爱国主题的拓展阅读，学生对《满江红》、《乡愁》、《甲午海战》、《最后一课》的兴趣和理解出乎我们的意料。他们不仅学会了在比较中找出共同点和不同点，还能说出不同文体不同的表达效果，并且能将学过的《把我的心脏带回祖国》、《詹天佑》、《钱学森》等课文联系起来加以评论，真正做到了活学活用，融会贯通。此外，我们还进行了借物喻理（人）类文章的主题阅读和关于"成功"的主题阅读研究。这些主题阅读植根于我们的课本，有明确的指导性，但所精选的文章又来自课外，学生感兴趣，潜移默化之中，让学生逐渐打通课内课外的通道，真正把课内所学的知识转化为能力，在实践中运用起来。

除此之外，要提高小学生的语文理解能力，还应从整个小学阶段来抓，而不是到了中高段才开始。

只有从小打好了基础，才能日积月累，能力越来越强。因此在语文教学中，不管是哪个年级，都应该重视让学生在课堂上多读多思，让他们在读中去体会、去感悟。语文教学中要少做题，多阅读，多思考，基础知识做了好多遍，没多大意思，只有阅读能力与写作能力提高了，学生的语文水平才算提高了。所以，要提高语文能力，一定要注重学生阅读能力与写作能力的培养，切实提高他们对文本的理解力。

第二节　换个角度看自己

用什么样的视角来审视自己呢？巴金说过："童心生活的回复，正是新时代的萌芽。"怎样迎接儿童语文生活的新时代，我觉得，是童心的保持与关注。

何为童心呢？字典里的解释是孩童般纯真之心，具体为孩子气、儿童般的心情，引申为本性、真心。像儿童一样玩耍，一样思考问题，用儿童的眼睛去看世界，他们对于事物的刻画与描述也许还显得稚嫩、不科学甚至荒诞，但，这恰恰是童心的可贵之处——稚嫩而纯真美好，荒诞而充满想象，"漏洞百出"而不矫揉造作，有时候还能带来意想不到的惊喜与正确。

童心是永葆写作灵感的源泉。有一个词叫"童心未泯"，指童贞的心志尚未泯灭，是称赞一个成年人还有着孩子的天真。言下之意，成人的世界里，童心难能可贵，已不多见。著名音乐家钱丹曾提到："真正的艺术家，都在内心深处保留一片童真。"因此，在冰心的《寄小读者》中，我们看到这样的话语："因为我若不是在童心来复的一刹那拿起笔来，我决不敢以成人烦杂之心，来写这通讯。"是的，就艺术创作而言，有了童心的润泽，作品才更有活力。语文学习从某种角度来说，就是一种文字的熏陶，一种艺术的润泽，童心是上天赐予的最好礼物，没有理由不关注它。只有这样，学生的口中、笔下才能流露出天然的灵气。

儿童语文学习遵循儿童的天性发展。"游戏是儿童最正当的行为，玩具是儿童的天使。"（鲁迅语）语文学习要想成为儿童喜爱的"游戏"，就必须顺应儿童的天性，回归童心，摆脱习作的成人化、文学化，让"游戏和玩具"真正进驻字里行间，使其真正回归原生态。我们不妨先来看两个习作片断。

我一蹦一跳地走在回家的路上，天上的小鸟在向我唱歌，路边的小花儿在向我点头。想着老师表扬我的情景，我的脸上不禁露出了微笑。

我不是跑回家而是冲回家的，路上还摔了个“狗啃泥”。可我却认为是走了“狗屎运”，星光高照在回家的路上。

同是写回家的片断，同是写高兴的心情，前者似乎已经成为拟人句的一个范例，或者说是个标本；后者却不同，尽管“狗啃泥”、“狗屎运”之类的词语不大雅观，但却活生生地充满张力，有一种原生的创作冲动。文字，成了儿童的玩具；习作，就是学生的游戏。语文学习不再那么沉重，变得生动活泼起来。换个角度看自己，今天，你是否激发了童趣，呵护了童真？对童稚，又是否有一份敬畏心？

一、激发童趣：儿童创作迎来欢声笑语

（一）根据儿童的视角来欣赏

“童趣”是儿童作文与成人文学的最大区别之一。用儿童的视角去看待儿童的文章，才能体会出更多的童趣。儿童有别于一般作者主体，他们的生理、心理发育均未成熟，他们与成人在观察行为、思维方式、语言表达等方面都有很大的差别，因此，有些文字能带来出人意料的幽默与快感。我们来看一个习作片断：

“嗒嗒嗒”，吴泽昆一鼓作气，把恶心至极的“鼻涕纸”迅速排成一排，略带奸笑地说：“看谁还敢霸占我的领地！”就这样前后左右无人敢“越界”，就连过往的“平民百姓”也是避让三分啊。

纸排成一排是没有声音的，但是在儿童的笔下，它却发出了“嗒嗒嗒”的声音，略带炫耀，略带调侃，把主人公调皮狡黠的形象刻画得很饱满。作者用笔大胆，甚至是不假思索，孩子气十足，令人惊讶，更让人欣喜。

(二)运用参与的方法来感染

幽默是需要天分的,这样的孩子并不多。是不是有些孩子的幽默潜质没有被激发出来呢?

一次感冒发烧,让我突然来了灵感。感冒病毒可以传染,幽默细胞可不可以复制呢?我试着在习作讲评课上渗透一些想法,这是一段课堂实录:

> “最烦”这一称号当然要送个弟弟了,不仅他自己烦,他的玩具也烦。这些玩具在客厅里可谓是“野火烧不尽,春风吹又生”。沙发上有,电视机上有,地上也有,客厅里就数天花板最干净。谁让弟弟每天都要把玩具拿出来“温习”一遍呢?

教师不动声色,全由学生品评。

A.古诗“野火烧不尽,春风吹又生”引用得很精彩,挺幽默的。

B.作者觉得弟弟烦,连他的玩具也烦,有点“恨屋及乌”的意思,写得很好。

C.排比句的好处我就不说了,我最喜欢“客厅里就数天花板最干净”这一句,妙到极点。

D.文中有三处双引号的使用,但是作用各不相同,分别是强调、引用和特殊含义的作用,作者对标点符号的运用让人佩服。

从教师的讲解转换为学生的品评,学生由被动接受,转为主动欣赏别人的幽默,在这个不断发现的过程中,潜移默化地为自己播下了幽默的种子,原来,我也可以变得幽默!

于是学生的习作里留下了这样的片断:

> 西边有一个大电视机,下面是两个小柜子,它们光荣地承担了举起电视机的重任。

> 我们都围在桌子旁,对着饭菜狼吞虎咽,生怕还没有吃完,

蜡烛就没了。好在小小蜡烛还蛮争气,一下子挺到了七点半。

家具公司给妈妈打电话,问新房地址在哪里,东西送到哪里,妈妈愣住了,竟然不知道新的小区叫什么名字,在什么路上,更别说什么几栋几单元了。人家很惊奇,结结巴巴地问:“是,是你的房子吗?”妈妈只好打电话向爸爸求助。

“今年圣诞老人会送什么礼物给我呢?嘻嘻……要是笔记本电脑该多好!”正当我想入非非时,妈妈打趣道:“呵!圣诞老人都是送一些小礼物的啊!”

我立刻打开话匣子,开始滔滔不绝地向妈妈聊起电脑游戏《植物大战僵尸》,多少点阳光才能培育出一颗植物,怎样用不同的植物对付各种僵尸,妈妈听得聚精会神,时不时向我提问。我暗自窃喜:看来妈妈感兴趣了,我的计谋就要成功了,作业一写完,和妈妈一起“收拾”僵尸。

加强群体参与,收获多元反馈,相互促进感染。童趣,来的就是这样欢声笑语。

二、呵护童真:儿童作品充满纯真善良

童真有许多内涵,我认为有两个底线必须坚持。

其一是真实。

一次作文讲评课前,我照例做着准备,翻看并摘抄学生的习作,有一句是这样写的。

他居然无视我的旋球,自大的小子,那就让你开开眼,见见我的旋球吧!

“我”是写在修正纸(三张)上的,两边还空出不少,很明显,之前应该

写了好几个字。出于好奇,我小心翼翼地把修正纸揭开,三个字醒目地映入眼帘——“本大爷”。我哈哈一乐,再读两遍,越读越觉得有意思。于是问孩子,为什么要改成“见见我的旋球”?答曰:“我是不想改的,我妈非让我改……”

一些学生改变了原有的个性表达,屈从于教师(或家长)推荐的“优质”话语,渐渐埋没与生俱来的创造能力,让人惋惜。儿童习作,在好意的劝说下变得圆润起来,在减少失误的同时,渐渐磨平了棱角,如同流水线上下来的产品一般。

其实,解决这个问题的办法很简单,就两个字——胸怀。在习作讲评课上,我以此为例,跟孩子们说:“只要你的语言没有侮辱或伤及具体的人,都可以写,我需要你们真实的表达。”于是,后来的习作里出现了新空气。

写妈妈的习作片断:

> 只见我妈横眉一摆,双手叉腰,脸上突然冒出个“井”字,真够吓人!(妈妈在后面评:呵呵,我有那么吓人吗?)

期中考试前的片断:

> 在我看来,这样的学习真是枯燥无味没有尽头,我好想在书桌上刻下一个大大的“烦”字。

写老师的习作片断:

> 接着,在众人仰慕的眼神中,他终于开口了:“这学期你们的体育老师就是我了,你们不知道我是谁没关系,不知道我姓什么也没关系,毕竟,体育课是用来运动的,不是用来讲话的,对吧。”

这些真实的话语,读起来不是更有味道吗?“童心者,真正也……若失却童心,便失却真心,失却真心,便失却真人,人而非真,全不复有初矣。”

(李贽语)儿童习作是小,学做真人是大。尊重不同的声音,真实才能走进作文本里。童心不失,则真人自成。

其二是真情。

真情亦有价,这个价,指的是价值观。

感情要真,无须赘述。如果文字中的情感得到了群体的认可,成为一种共识,一种共同的态度,那么就会上升为一种稳定的价值观。“横看成岭侧成峰”,教师应不断转换角度,适时点拨,防止群体失位。

《语文》第十二册习作一《童年趣事》,那一次的作文讲评我深深记得。有一个孩子描写他和自己的表哥如何用放大镜烧蚂蚁,当我提到此处时,台下孩子会心一笑。我现场做了个调查,结果大多数孩子都曾有过“虐蚁”经历,有用火烧的,有用水淹的,甚至还有人自称给蚂蚁做过手术的。孩子们聊得眉飞色舞,异常开心。过了一会儿,我问:“你们玩得很开心,那蚂蚁开心吗?”课堂里渐渐安静下来,孩子们张嘴沉思,直至静默。

再来看一个习作片断:

> 外婆总是批评我,讲我比表弟大,应该让着表弟。我感到特别委屈,想回到自己的家,那时我深深体会到家是一个温馨的地方。

原本以为孩子们会对家的温暖产生共鸣,结果却成了诉苦大会,你说你的外婆怎么不好,我说我的奶奶怎么偏心,弟弟、妹妹们怎样胡搅蛮缠却享尽特殊待遇,一副羡慕嫉妒恨的表情。

我问了孩子们三个问题:“你知道你们的外婆、奶奶的年龄吗?”“如果你是她,天天照顾你和弟弟(妹妹),你有什么感受?”这两个问题问完后,孩子们安静多了。接着我又问了最后一个问题:“为了让他们少操心,安享晚年,你打算怎么做呢?”换位思考,让孩子的情感触角触摸得更全面一点,问题迎刃而解。

这个阶段的儿童感性思维活跃,情感上有依赖感,希望在别人的身上也得到相同的印证,容易盲从而不加辨识。教师不是硬要改变学生的想法,而是为他们提供多一种选择。因为,每个孩子幼小的心灵里,都有一个最纯洁、最公正的法官，他们会给出正确的答案。

有了这样的经历，孩子们的表达更加温情：

家是什么？我从未有过一个清晰的定义。只知道，放学该回去的地方就是家，吃饭时该去的地方就是家，困倦时可以让你休息的地方就是家。

星期天早晨，妈妈早早地起床，煮了一大碗热气腾腾的面条，轻描淡写地说了一句："快吃吧。"后面还跟了一句："不知道说谢谢啊？"

我连忙给他打了个电话，说我到家了，妈妈在电话里把我骂得无话可说，已经没什么好解释得了，但骂的让人感到温馨。一句话说得好，骂是关心打是爱。

我有一个自己的空间，它不大，但让我觉得很温馨。窗前就是我的书桌，在上面写作业时，偶尔往外看看，好不自在。

三、敬畏童稚：儿童言语可能大智若愚

雨果说："最天真的人有时是最高明的。"对童稚常怀敬畏之心，习作课堂才能成为智慧生长的载体。关注童稚，就需要我们敏感地发现孩子一现的灵光，随时记下他们可能说出的童言稚语。身在儿童习作教学一线，我觉得，童稚主要表现在以下几个方面：

1. 稚，大巧若拙也，不明说，却往往一语令人莞尔

在我的作文讲评课上，常常会看到这样的语句：

突然，一款别致的手机出现在眼前，愣了两分钟，我缠着老妈买这款，老妈看了一眼标价，像解脱了似的，立马跑到收银台，好像生怕我再改变主意似的。

临行前,外婆对我说:“抢不到盐也抢瓶酱油回来啊!”

正写着作文,听见妈妈在一旁催促:“快点写,给你玩电脑游戏。”对这样的假话,我是完全可以识别的。因为我发现她正悄悄地整理课外作业,又在帮我挑奥数题了。

学校就是个江湖,校长就是这个江湖的盟主,而老师是各个门派的掌门,我们只是些小徒弟了。

或没有明说的是标价很低,或暗自揶揄的是日本核辐射导致中国超市抢盐闹剧,或拐着弯儿地抗议课业负担太重,或叹息学生在校园的地位。每个例子都写得轻轻松松,潇潇洒洒,可是,细读起来,似乎都包含着些许无奈呢。孩子们的智慧,你不细细品味,还真察觉不到。

2. 稚,娇嫩幼小也。不成熟,却往往一语道破天机

重庆一位小学生在游了綦江彩虹桥后,写了一篇习作。有一个片断是这样的:“桥上都是裂痕,车子经过的时候,整座桥在摇晃,我觉得这座桥似乎马上要倒塌了……”结果未能引起任何人的重视。不久,彩虹桥整体坍塌,40人遇难……如果这句话是市长或是更有分量的人说的,是否可以避免悲剧的发生?三毛就常对人说,遇到不能解决的事情,去问孩子,孩子脱口而出的意见,往往就是最精确而实际的答案。

3. 稚,天真纯朴也,不修饰,却往往一语打动人心

班上有一个孩子M君学习能力比较弱,他的妈妈为此操了很多心。一次“中学教师进课堂”活动结束后,发给学生每人一张纸头,写写此刻你最想说的话。逐张翻阅:有写中学老师的课很有意思,很期待上中学的;有写学校这次活动很有意义,让他学到了很多知识的;有写要好好学习,争取考一个好学校的……M君却是这样写的:“今天我很开心,要是妈妈来就好了。”我的心一颤,思绪回到那节课上,M君异常活跃,主动上台协助老师做了一个物理实验,并且得到了表扬。可惜,那一刻,他的妈妈没有看到儿子的表现。我把这句话读给孩子们听,孩子们先是沉默,随后响起了热烈的掌声;我把这句话读给M君的妈妈听,孩子的妈妈眼圈红了……

敬畏童稚，不是敬而远之，而是蹲下身子认真倾听，随时记录，让它们实实在在地落入习作本里。敬畏童稚，不是说说罢了，而是踏踏实实地构建好语文课堂这个载体，让童言稚语在此生根、发芽、开花、结果。

第三节　语文课堂的革命

我们的语文课堂教学，多年来都一直在进行着改革和探索。值得关注的是，现在谈课堂教学的革命，并不是对过去颠覆性的改变。教育教学工作，很多都是在坚守常识。无论到了什么时候，都有一些常识属于基本的课堂教学规律。我们首先做的是要进行传承，比如我们的语文课堂教学应该紧扣文本，符合学生的实际情况，尊重学生的语言发展规律。20世纪50年代和80年代，是全国语文教学研究的两个高峰期，也是语文教学名师辈出的时代。这些名师对语文课堂教学的探索做出了卓越的贡献，我们的语文课堂教学进行革命，应该建立在他们研究的基础之上，洞悉时代变化对人思维的影响，研究不同时代学生的变化，继而探索出一条新路。

我曾经读到全国著名语文特级教师王栋生老师谈对作文教学的思考，有一点很受启发。王老师说，现在的作文课，很多都是以学生写作文、修改作文作为直接目标的。其实在作文课上，可以不写作文，而以一种写作者的身份和学生一起来探讨写文章的感受和思考的过程，在这些感受的共鸣和思考的碰撞中，老师和学生都会得到很大的启发。这种“聊作文”的课堂教学方式，深受学生的喜爱，积极地促进了学生更多的思考。按照常规的作文课堂教学模式，从教学目标上看，可能会认为这样的课堂教学就已经出现了偏差。但是在实践过程中，这确实是一种有效的教学。

这是不是就是我们所说的“语文课堂的革命”呢？可以肯定地说，是，而且是一种“成功的课堂革命”。我们由此也可以揭示出课堂教学革命的出发点。课堂教学的改革，应该从学生的认识规律出发，寻找学生易于接受的教学方式，挖掘教师自身的情感体验和学科专业能力，促使课堂教学展现教师和学生的生命活力，并提高学生的学科专业能力。而这种生命活力的产生，需要教师将情感、智慧和思想注入课堂教学中去。

一、寻求充满情感的课堂

语文教学本身立足于学生语言文字的训练，要达到语文教学的效果和目的，教师就必须遵循学生母语习得的规律和中国语言文字本身的特点。新课标对语文新课程的性质进行了界定：语文是最重要的交际工具，是人类文化的重要组成部分。工具性和人文性的统一是语文课程的基本特点。工具性是任何学科都具备的，而与其他学科所不同的是，语文教学强调人文性。人与人之间的交际必须在一定的情境中进行，灵活地运用语言文字，而这种情境要能够洋溢着宽松、和谐的气氛，充满人文性。我们的课堂教学是语文教学的主阵地，要能够行之有效地进行教学，人文的课堂是一个前提。教师如何落实和体现人文的课堂，营造预设的情境，首先，教师必须充满情感。

在语文课堂教学的过程当中，教师立足于“字、词、句、段”的教学内容，“听、说、读、写”的教学方法，关注于学生“分析、观察、阅读、表达”能力的提高。这些固然很重要，是教学目标能否达成的关键。但是在进行这些操作的过程中，如果教师缺乏了情感，教学效果依然很难达到，即使达到，也是以牺牲语文课堂教学效率作为代价的。人与人之间的对话交流需要一种乐于表达的氛围，教师的情感营造了这一种氛围。没有情感的课堂，就像池塘里缺少水；充满情感的课堂，就像池塘里有着清澈透明的活水。

全国著名特级教师王崧舟老师在讲授《一夜的工作》时，满怀着对周恩来总理的无限敬仰，对学生从情感上充分地进行渲染，让学生进行多方位的体验，达到了非常好的教学效果。这一经典的成功课例，可取之处固然很多，但给学生留下深刻印象的首先是王崧舟老师字里行间流露出的情感。王崧舟老师因为被周恩来总理的人格所震撼，在和学生交流过程中每一句口头语言的表达，都饱含深情。在课堂教学设计上，从诗歌开场，到歌曲结束，对周总理的感情在升华。

这样的一种氛围中，学生自然也对总理充满无限敬仰和怀念，来品读课文中的语言文字，情动而辞发，用自己的语言表达思念之情。教师像磁铁一样牢牢地抓住了学生，从而达到了三维目标。同样，全国著名特级教师李吉林老师，在讲授《小音乐家扬科》一课时，通过表情、声音和语言展现的都是对扬科的惋惜、哀叹，取得了很好的教学效果。由此，我们也可以认识到教师的情感对于课堂教学的成功起着至关重要的作用。教师在课堂教学中的情感，是无法写在备课笔记中的，但应该在教师备课的意念中存在，从而在课堂教学的过程中真实流露，并得以体现，让学生进行感知。

现在的课堂教学，教师往往容易忽略的情感交流，正是人天生的。再好的教学设计比不过教师真诚的话语，再好的课件也比不上教师期待的目光。

二、打造充满智慧的课堂

课堂教学，不仅仅是知识的传授，更是教师在和儿童进行着交流。如何缩短教师和儿童之间生活阅历、知识积累等一系列问题的差异，寻找到彼此之间的共鸣，就需要教师巧妙地对文本进行解构，需要教师从儿童的生活体验出发，进行灵活的处理。

同样是王崧舟老师的课堂，在讲授《我的战友邱少云》这一课时，王崧舟老师引导学生自读自悟，品味语言。就在全场都安静思考的时候，有一位同学突然站起来问："老师，在大火焚烧的时候，难道邱少云就一点都没有动摇过吗？"可以说，这是一个很动脑筋的学生，提出的也是一个很尖锐的问题。有时候，教师在没有思考成熟的时候，会把这样的问题抛给学生。但是，这个问题即使抛给学生，学生也难以回答。学生对课本中的英雄形象，有着"高大全"的思维定势，不敢轻易打破。学生这样提问，王崧舟老师也有些意外，但很快镇静下来，启发学生真实而全面地看待问题。王崧舟老师顺着学生的思路，有力地说道："是啊，在烈火焚烧的残酷现实面前，邱少云也曾经挣扎过，但是，他从远处听到了一个声音，同学们，他听到了什么声音？"在王崧舟老师这样的启发下，学生走进了当时的情境，并展开了思维的过程，纷纷举手。"为了祖国和人民的利益，一定要坚守着阵地，像千斤巨石一般。"这样的主题，就更加深入人心。

课堂教学的智慧，需要点滴的积累和独具慧眼，更需要深入文本当中。孙双金老师在讲授《泊船瓜洲》时，打破一般教学中过度强调"绿"字的教法，把题眼设定为“还”。“京口瓜洲一水间，钟山只隔数重山”，离家近，应该还；“春风又绿江南岸”，离家久，更该还；“明月何时照我还”，思家切，何时还。这样一种对文本巧妙地解构，是更大程度上的一种智慧。需要教师融入作者的内心世界，从语言文字出发，挖掘出思想和文字之间不易察觉的必然联系。

三、挖掘充满思想的课堂

思想是客观存在反映于人的意识中经过思维活动而产生的结果，思维是对事物本质联系和内部规律的反映。恩格斯曾把思维比喻为“地球上最美丽的花朵”，语言文字是思维的外衣，语文学习和大脑思维密不可分。有了正确的思维，才有正确的思想。正确的思想是人类认识世界、改造世界的力量之源。教育是培养人的活动，学生是教育的主体，教育的目的和归宿要落实在为学生发展这一目标上。语文教学的主要任务是要培养学生的表达能力，但表达能力也不是凭空而生，不能脱离人的见解和思想而孤立存在。在小学语文教学中，教师要善于激发学生思维，促进学生进行思考，让课堂充满思想的力量。

于漪老师指出：“一定要改变对语文学科的陈旧看法，认为语文只是读读写写等技术性、技巧性的小事，对现代人的培养无足轻重。殊不知，语言、思维、情感同时发生，语言这个交际工具不仅仅是文化的载体，而且还是意识、思维、心灵、人格的组成部分。”我们的课堂教学，除了情感和智慧之外，还需要具有一定的思想性，尤其是在高年级的课堂教学之中。从更高的意义出发，课堂中的思想性还需要结合文化的积淀。

窦桂梅老师在主题教学的研究中，提出了教师在课堂教学过程中应该体现出“温度、广度和深度”，在升高温度的情境下扩充广度，在扩充广度的基础上拔高深度，自然而然，水到渠成。我们仔细观察窦桂梅老师的课堂，她擅长于从课文中提炼出核心的词语，并由此引导学生，进行多文本的有机组合，让学生的认识程度和言语能力不断地螺旋上升，从而达到比较高的教学目标。

在《晏子使楚》的教学过程当中，窦桂梅老师挖掘了“尊重”一词，并结合文本，从文章中的多处词语和句子进行体会，品悟“尊重”。从教学的思路上，窦桂梅老师层层递进，对晏子的尊重，走向对人的“尊重”的思考；对人的尊重，导向对国家的“尊重”的思考；对国家的尊重，引向首先是自我尊重的思考。窦老师发掘了这个“点”，起到了“四两拨千斤”的作用。

好的问题能唤起学生思考。引导学生产生疑问，进行分析推理，可走向深度思维。为了让学生深入思考，全面、深刻理解课文的内涵，窦桂梅老师还引入了一位历史学家对“晏子使楚”的评价：一个人的智慧不能代表国家的智慧；一次外交胜利并不能获得国家永久的尊重，“晏子使楚”与国家真正的尊严无关。窦桂梅老师引导学生思考：这样的评价对不对？一石激起千层浪，学生进行了更加热烈的讨论，在讨论中，思维发展变得更为缜密而且灵动。对文本的深度挖掘，对课堂的深度处理，充分地展示了窦老师对教材深刻内涵的独特解读能力和对语文教学的透彻领悟。

语文课堂教学的革命，实践者就应该突破机械训练。我们的课堂要富有情感、充满智慧、彰显思想，继而焕发出蓬勃的生命活力。

第四节　建构多彩的学习生活

学生学习语文的过程，是促进自己语言发展的过程。而语言要发展，就需要进行人和人之间的交流，就需要有心灵的触动、情感的共鸣和思维的梳理。由此可以看出，学生语言能力的发展和所处的生活环境有着密切的联系。因此，很多优秀的语文教师都会把提高学生语文能力和“人的发展”结合起来。语文教育界，长期有“三分功夫在课内，七分功夫在课外”的说法。教师可以在课堂教学之外，通过有效地组织和创设，促使学生对语文的学习达到最大的优化状态。

语文教学，从教学的内容来看，大致有识字教学、拼音写字教学、阅读教学、习作教学、口语交际教学、综合性学习教学等。教学的内容不同，教学的方式方法不同。这样丰富的内容，仅仅凭借语文课堂的传授，难以达到较高的教学目标。

苏霍姆林斯基说：语文学科的外延等同于生活的外延。作为母语学习的资源，在社会生活的各个领域都普遍存在；而人类所进行的各种文化活动，几乎对于母语的传承和习得都会有一定的促进作用。教师如何组织和引导学生进行丰富多彩的语文学习生活，并没有一个固定的答案和模式，只能说，适合自己和学生的方式方法最为有效。在近十年的工作中，我们一直在尝试进行一些丰富多彩的语文学习活动，在一定程度上提高了学生语文学习的兴趣，提升了学生的语文素养和读写能力。

一、组织编写班级周报

为了将学生带入"喜读乐写"中，我查阅了大量语文教学方法的研究资料。从实践操作的角度出发，我选择了管建刚老师所倡导的"作文教学革命"。我希望运用班级周报这种形式，促进学生读写能力的全面发展。

这一活动的开展，遵循了作文教学的全过程，有着作文课所达不到的功效。很多语文老师在进行作文教学的时候，只注重课堂教学的指导和课后的批改，但是实践证明，这样往往收效甚微，难以有力促进学生写作能力的提高。明明是按照教材的要求进行，为什么达不到教学的效果？关键之处就在于，课堂上的习作指导，只是写作教学中的一部分。学生需要的是，教师在写作教学中进行全过程的帮助和指导。

语文教师应该注重作文教学的全过程。作文教学的开始，不在作文指导的课堂上，而应该从训练学生的语言发展开始。在具体的指导过程中，教师应该多提供给学生几种写作方案。在这一系列铺垫充分进行之后，学生再进行动笔，鼓励学生一气呵成。在学生习作完成之后，教师有责任提醒学生，及时自行进行修改。学生修改完毕，习作完成之后，教师要进行批改。教师批改结束，学生要根据教师的批改意见进行第二次修改。这一次的修改结束，作文教学的全过程还没有结束。作文教学的全过程中，还有最后的一步，就是发表，让学生的小作文融入大生活。这个发表，可以在班级发表，可以在学校发表，还可以到社会上发表。在发表之后，学生应该积极听取多方面的意见和建议，再次得到提高。创办班级周报，就为构建作文教学的全过程起到了重要作用。以此作为平台，促使学生作文能力有效提高。

为了引起学生对班级周报的重视，我们始终在学生中强化"班报第一"的意识，尽自己的最大可能，克服一切困难按时出版。三年来，即使在我患疑似"甲流"而高烧五天的情况下，以及我到山东参观学习期间，班级周报都没有停止出版过。教师自身的这种坚持,也在很大程度上感染了学生,营造了“认真写作”的氛围。

为了更好地创办班报,我自己积极投身到写作活动当中,用自己的心声和学生进行交流。第一期班报的顺利出版,我写下了《快乐尽在不言中》;已经毕业的学生在教师节回母校看望老师,我写下了《学生的心》;有同学经常和别的同学闹纠纷,我写下了《为人比为学更重要》;体育老师夸赞我们班级干净整洁,我写下了《你们班的教室真干净》。这些文章,都将现实生活和语言文字紧密结合,有很强的冲击力,促进了学生对于事情的认识。在这一系列的写作当中,我自身的写作能力也得到了一定程度的提高,这也更加有利于我指导学生写作。

从2009年9月5日,我们班级的第一份班级周报诞生。三年以来,班级周报出版100期,一共刊登文章800多篇,累计字数超过50万字,全班23名同学均有多篇文章在班级周报上发表,13名同学的作文在各大报纸上发表,8名同学被报社录用为校园记者,先后发表通讯报道十余篇。《金陵晚报》校园新闻版,以《班报很有趣》为题,全面而生动地报道了全班同学认真创办班级报纸的生动事迹,引起了社会的广泛关注。

一位家长这样描述这份班级周报和孩子关系:

> 每次看见女儿拿回来的约稿通知,兴奋之情洋溢着她的笑脸,她对这份班级小报的感情随着一期一期出版也在发生着潜移默化的变化。最初,她把稿件录用当成老师对她作文的肯定,深受鼓舞,她积极修改,斟酌词句,直到自己满意,期待之情也日益浓厚。每一期报纸我都认真阅读,可以看出孩子们已经把这份报纸当成班级的象征,在精心维护,它已远远不再是展示自己作品的舞台,他们对这个集体共同的爱在文字间流露与积累。

看到这位家长的描述,我感到无比的欣慰。我们相信这些伴随着学生生活,孕育出来的文字,为学生的成长指明了方向,也为这些学生们留下了美好而难忘的回忆。

二、在班级开展编写童话的活动

在编辑班级周报的过程中，我最大的发现就是，学生有极其丰富的想象力。我们可以看一则学生编写的童话。

寻找四季姑娘

有一个名叫琪琪的小魔女，她已经100岁了。有一天，她和她的小猴皮拉一起出去玩。他们走着走着，一不小心掉进一个深深的地洞里。正当他俩发愁怎么出去时，有一个声音传来："你必须在365天之内找到春姑娘、夏姑娘、秋姑娘和冬姑娘的最后一滴眼泪，否则，地球就会被毁灭。"

琪琪沉思了一会儿，似乎明白了话语的涵义。

时间过得真快，转眼到了三月底，在洞中，琪琪等到了春天开放的最后一朵鲜花；又过了三个月，她捡起最后一片金黄的向日葵花瓣；再过了三个月，秋风吹落了大树最后一片枯叶，琪琪把它收藏起来；还是过了三个月，天空飘下鹅毛大雪，琪琪用手捧住最后一朵雪花。她把这四样东西装在随身携带的水瓶里，往洞口扔去。

奇迹发生了，一道耀眼的光芒射进洞口，一直延伸到琪琪的脚下，仿佛铺设了一条金灿灿的光芒之路。就在琪琪疑惑的时候，还是那个声音在说："你已经找到了春姑娘、夏姑娘、秋姑娘和冬姑娘的最后一滴眼泪，你成功挽救了地球。你出来吧。"于是琪琪带着她的小猴皮拉顺着光芒大道走出了地洞。

外面的世界还是那么美好！

（作者：任昕宜）

为了更好地激发学生的编写热情，我开设了"故事擂台"，通过比赛的形式营造氛围。"故事擂台"的要求如下："有一个100岁的小女巫，她和她的宠物猴——皮拉生活在大森林里，她身边会发生哪些稀奇古怪的事情呢？同学们，快发挥你的想象！要求：①根据提示，接着往下写。②题目可以自拟。③注意语句通顺，标点正确。④字数不限。”

这是我无意之中发现的，当时也不觉得有什么好，只是希望学生们能够动动笔，进行练习。但没有想到的是，全班学生都在主动进行创作。而且，发展到后来，“故事擂台”要么不写，一写就是长篇，都在3 000字左右，能占到整个报纸一半的版面。

在学生童话创作的指导过程中，我并没有丰富的经验，只是引导学生做到前后呼应，情景交融，不是简单拼凑，要形成一个整体。这一活动的开展，使我意识到学生渐渐走入了“儿童文学”的殿堂，和其他作文相融合，做到了“虚实结合”。

经过反复筛选，9名同学写出了质量比较高的作品，先后在班级周报刊发。我们班级的吉哲嘉同学，因为擅长写想象作文，在《现代快报》组织的“第一届爆能仔杯想象作文大赛”中获奖，被录用为首批《现代快报》的“爆能小记者”。

当然，这里也给我带来了一个新问题：有些学生的内容是移植的网络游戏当中的情节。对于这一现象，我采取了宽容的态度，我觉得学生愿意写就是好事情。把游戏的内容转化为语言文字，也是一种练习的过程。但这样会不会促使学生沉迷于网络游戏，需要进一步观察。

三、组织学生进行话题讨论

进入高年级以后，语文学习最重要的就是“思考”。学生也渐渐开始有了自己的思想，但是这些思想还处于并不成熟的阶段，认识问题比较片面和偏激。

如何通过语文的学习，来帮助学生更加全面地认识事物，同时进行语言的锤炼？我组织同学们进行了话题的讨论。

作业问题一直是和学生关系最为密切的话题。学生作业做不好有很多原因。为了强化学生对作业的认识，也为了教师更好地进行作业的布置，我们专门讨论了“作业多好，还是少好”。同学们畅所欲言纷纷表态。

还是少了好

我们要讨论“作业多了好，还是少了好”这个话题。

其实，我更喜欢作业少，因为这样，就有时间复习学过的内容和看书了。最近妈妈要求我写完作业之后，语数外各写一张试卷，各复习半小时，作业这么多，我岂不是要复习到很晚了吗？并且作业多了，也就等于压力大。再说了，就算妈妈不要求我，可作业多了也就意味着睡得比较晚，因为小学生每天必须睡够十小时，如果晚上没睡好，上课打瞌睡，新的内容就听不到，这可怎么办？

哎！真希望能有少一点的作业！

（作者：沙润觐）

不多不少正好

我认为作业太多不好，太少也不好，适量最好。

作业多的话，可以让我们复习得更多一些，基础更扎实一些。但是，作业多会让我们做到很晚，感到很疲劳。

作业少，可以让我们早点休息，轻松一些，也可以用多余的时间来复习学过的内容。但这样也有不足，一些同学会草草地把作业写完，写完就开始玩。

我认为作业适量最好。这样既能把我们的基础练扎实，也能让我们早点休息。有多余的时间也可以预习、复习，如果作业适量的话，字也不会写得太差，我觉得这样比较好。

我想：作业是要复习学过的内容，只要把当天的知识搞懂、搞会、搞明白就行了。

（作者：赵汝杰）

质量比数量更重要

我认为，作为一名正在成长的学生，学了新知识以后做的作业不在于多或少，而是在于质量高或低。

首先是作业本身的质量。作为一名学生，大家一定有过这样的经历：如果今天的作业都是抄写、背诵之类的题目，就会觉得无聊，是在浪费时间；而如果是一些复杂、灵活的题目呢，能大脑一下子活跃起来。在注意力高度集中的情况下,即使这道题怎么也做不出来,但它那独特而巧妙的构思却把你深深地吸引住了,使你想尽一切办法去寻找它的答案。这时,你便会静下心来,仔细地观察每一道题,找到方法,解出题目。在解出所有题目以后,你就会有一种成就感,对学习更加有信心,更感兴趣。

其次是做作业的质量。高质量地做作业首先要有端正的态度、愉快的心情,这样才能保证头脑清醒、敏捷。如果周围的环境吵吵闹闹的,就不能集中精力地做作业。如果心思不放在作业上,作业再少再简单,也做不好。高质量地做作业还要认真细致、开动脑筋。有时,我在家里做数学作业,遇到难题请教爸爸、妈妈,他们读读题目就知道怎么做了,这就是因为我审题不清、知识点没有运用好。而我的语文作业遇到困难了,很多时候他们也不能一下子想到答案。知识题常常要查资料,阅读题常常要反复看几遍。这样看来,高质量地做作业需要花很多时间,所以,作业的数量不能太多。

因此,我的观点是:作业多少不重要,关键就在质量好。

（作者:薛智杨）

学生的讨论从不同方面展开,给教师很大的启发,达到了语文和生活的有机结合。

一年来我们讨论过的题目还有:同桌自己选好,还是老师选好;网络游戏好不好;和好朋友怄气,该不该先低头求和;流行歌曲进校园,好不好;道德两难故事:汉斯能否偷药;兴趣爱好专一好,还是广泛好;看到老人摔倒在地,是热心相助,还是一走了之;教辅材料好不好;面对校园暴力,是该“以牙还牙”,还是该宽容退让;等等。

这些话题大多来自学生生活,也有一些社会热点。学生在探讨这些问题的过程中,进行深入的思考,真正形成了学生和学生之间的交流,改变了他们的思想认识。

教师以平等的身份参与讨论,深入浅出地阐述观点,学生易于接受,从而形成健康的世界观和价值观。

四、组织编写毕业纪念文集

经过两年多的努力，我们的班级周报已经有了厚厚一叠，很多同学都把它装订成册。也就在这个时候，有同学提出建议，能不能在这些文章的基础之上，编辑成书。同学们积极主动地参与，引起了我的高度重视。六年级的学生正面临毕业，为了让同学们能够留下浓郁的毕业情怀，我和大家一起编制了毕业纪念文集。

我们的毕业纪念文集一共分为16个章节，以时间为线索，涵盖校园生活和学生情感的各个方面。

第一章“我们从这里相会”，主要回忆同学们中低年级生活的场景和片段，尤其有着对班级和班级成员“第一印象”的生动描述。第二章“谢谢您”，是献给各位老师的文章，这里的老师包括小学阶段甚至了学校兴趣班（如舞蹈班、篮球班）里的所有老师。既有主科老师，又有综合学科的老师；既有高年级的老师，又有中低年级的老师。在这个篇章中，同学们描绘老师们的不同个性与风格，力求做到尽可能的涵盖。第三章“二十三个铃铛叮当响”，是全班23位同学的肖像画廊、性格特点和独特故事。第四章“集体中的温暖”，抒发了老师、家长和同学之间充满温情的小事。第五章“小树苗茁壮成长”，反映的是同学们在成长路上的丰富的情感、庄严的思考、成功的喜悦以及心灵的烦恼，有一些深度。第六章“我们的课余生活”，讲述了同学们学习之外的欢声笑语，有学校的春秋游、假日小队、班级组织活动等。第七章“万花筒”，是同学们所写的一些很有特色的文章。第八章“江山如此多娇”，描写同学们旅游过程中对大好河山的赞颂。第九章“我们的赤子之心”，包含家长和同学们关注民生、关注社会、关心国家大事的情怀。第十章“作家从这里走出”，记录的是班级同学中在公开报刊发表的文章集锦。第十一章“超级辩辩辩”，为我们班级同学“话题讨论”集锦。第十二章“我的童话我做主”，是同学们所写的童话故事。第十三章“最温馨的港湾”，记录的是同学们眼中的父母、家庭中的事情。第十四章“成长路上的叮咛”，记录的是班主任老师的文章。第十五章“深情回眸”，表达了同学们离别之际对心爱集体的依依惜别之情。第十六章“我和未来有个约会”，描写同学们对未来的畅想，有社会的变化、科技的发展和同学们长大以后的故事，如《二十年后再相会》。

这其中的文章大部分选自我们的班级周报，还有一部分是同学们为毕业纪念文集量身定做的。在整个编辑的过程中，同学们投入了极大的热情，从写稿到审稿，从编排到校对，都做到了严谨认真，以至于对标点符号都进行了细致的推敲，为了融入“毕业情怀”，我们还请班级的启蒙老师和曾经毕业的优秀学生为全书作序。在附录中，有小学阶段所有任课老师名单（按年级分段排好）、班级干部名单、科代表名单、全班同学生日一览、班级播放的教育影片一览、毕业前座次一览等几个部分。经过家长的支持和努力，毕业纪念文集——《永不消逝的童年》终于印制完成。

和学生的生命历程相融合的语言文字，强有力地撞击着学生的心灵。学生在这一活动中，充分体验了深邃的情感，对语文有了更加宏观的认识和理解。更为远大的意义在于，学生将永远带着一颗童心走向未来的学习和生活。

丰富多彩的学习生活，将知识、情感和意志达到了高度的统一，让学生在探索知识的过程中回味无穷，成为他们心中永远最为亮丽的一道风景线。其中的方式方法，还需要一线教师在长期的教育实践当中，不断摸索，不断总结和积累。